AF636329

Hans Schaller

Wenn Umkehr Freude schenkt

Hans Schaller

Wenn Umkehr Freude schenkt

Einführungen in die ignatianischen Exerzitien

HERDER

FREIBURG · BASEL · WIEN

© Verlag Herder GmbH, Freiburg im Breisgau 2022
Alle Rechte vorbehalten
www.herder.de

Die Bibelverse wurden, soweit nicht anders angegeben,
folgender Ausgabe entnommen:

Die Bibel. Die Heilige Schrift
des Alten und Neuen Bundes.
Vollständige deutsche Ausgabe
© Verlag Herder, Freiburg im Breisgau 2005

AΩ
DIE BIBEL

Weiter wurde verwendet:
Einheitsübersetzung der Heiligen Schrift, vollständige
durchgesehene und überarbeitete Ausgabe © 2016 Katholische
Bibelanstalt GmbH, Stuttgart, Alle Rechte vorbehalten (EÜ)

Satz: Daniel Förster, Belgern
Herstellung: GRASPO CZ, A.S.

Printed in the Czech Republic

ISBN Print 978-3-451-39299-3
ISBN E-Book (PDF) 978-3-451-83930-6

Dieses Buch ist gewidmet dem Co-Autor dieser Gedanken, meinem Mitbruder und Freund P. Dominik Terstriep SJ.

INHALT

UMKEHR – WENN ES KONKRET WIRD

Umkehr ist ein zentrales Thema des Evangeliums. Es zieht sich wie ein roter Faden durch alle Berichte und Ereignisse, die mit Jesus zu tun haben. Es beginnt schon im Vorfeld, bevor Jesus an die Öffentlichkeit tritt. Das erste Wort, das der Evangelist Markus Jesus in den Mund legt, ist eine Aufforderung zur Umkehr: »Die Zeit ist erfüllt und das Reich Gottes ist nahe: Kehrt um und glaubt an das Evangelium!« (Mk 1,15).

Diese Aufforderung zur Umkehr ist auch das zentrale Anliegen der Exerzitien, wie sie Ignatius von Loyola vorlegt. Er setzt dieses Ziel in den Begriff von *Ordinatio vitae*. Dabei ist nicht, wie das Wort nahelegen könnte, an äußeres Aufräumen gedacht, an neue Disziplin in der Lebensführung. Die zentrale Ausrichtung, nach welcher Ordnung geschaffen werden soll, ist die Person Jesu Christi. Der Glaube, die Hoffnung und die Liebe zu seinem Evangelium werden Richtschnur und Maßstab der Ordnung.

Das vorliegende Buch fasst persönliche Erfahrungen zusammen, die sich aus langjähriger Begleitung von Exerzitien ergeben haben. Immer war das Exerzitienbuch von Ignatius leitende Idee, wurde angewandt und interpretiert. Natürlich waren dabei auch heutige Erfordernisse und Umstände mit einzubeziehen.

Eine erste Frucht meiner Exerzitienbegleitung besteht darin, dass sich das Modell von Vortragsexerzitien immer deutlicher als nützlich herausgestellt hat. Diese Form mag auf den ersten Blick einer Vorgabe des Exerzitienbuches widersprechen. Ignatius macht ausdrücklich darauf aufmerksam, den Stoff der Meditation sachlich, wahrheitsgetreu und kurz zusammenzufassen. Für den Exerzitanten soll der Inhalt nicht breit vorgelegt oder gar vorgekaut werden. Er muss selber entdecken, was für ihn richtig ist, muss selber auf den Geschmack kommen.

Nun sollen Vorträge, von denen einige hier vorgestellt werden, diesem Anliegen nicht widersprechen. Sie versuchen der Tatsache Rechnung zu tragen, dass heute im Allgemeinen bei den Teilnehmern nur ein Minimum von Glaubenswissen vorausgesetzt werden kann. Damit ist auch verbunden, dass sehr oft inmitten von Gebeten kritische, meist theologische Fragen zu den Texten aufsteigen. Etwa: Warum Gott loben? Wie wirkt Gott in unserem Beten? Wie kann man sein Wirken erkennen? Was ist Sünde? Wie sind Texte exegetisch zu verstehen? Wie in der Kirche zurechtkommen? Solche Fragen, die dem Beter inmitten der Meditationen kommen und mitschwingen, werden in den Vorträgen kurz angesprochen. – So sind Vortragsexerzitien immer auch am Rande ein theologischer Kommentar.

Was zudem geholfen hat, die angezielte Umkehr zu verwirklichen, waren biblische Texte, die inhaltlich präzise das Thema aufnehmen. Dazu haben sich auch entsprechende Bilder gut geeignet. Dies folgt einem Vorschlag von Ignatius selbst. Er rät, sich biblische Szenen, die betrachtet werden sollen, mit allen Sinnen und Fantasien vorzustellen. So kann der Inhalt leichter verinnerlicht werden.

An wen sich das Buch wendet? Es kann Anregung sein für Menschen, die Exerzitien geben, ist aber darüber hinaus als Hilfe für die Teilnehmer von Exerzitien gedacht. Denn oft wünschen sich Teilnehmer, das Gehörte auch schriftlich bekommen zu können, um meditierte Einsichten mit Bildern im Alltag lebendig zu halten. Nicht zuletzt – so meine Hoffnung – soll das Buch allgemein helfen, aus dem Gebet heraus verstehen zu können, was wir glauben, damit wir denen, die nach dem Grund unserer Hoffnung fragen, Antwort geben können (1 Petr 3,15).

»In Umkehr und Ruhe liegt euer Heil, in Stillsein und Vertrauen besteht euere Stärke« (Jes 30,15).

Das vorliegende Buch ist Resultat von mehreren Jahren. Großer Dank gehört deshalb meiner Sekretärin, Frau Susanna Curtoni, die alle Phasen des Entstehens dieser Zeilen mit Geduld und Nachsicht mitgegangen ist.

I. IM GEBET DAS LEBEN ORDNEN

Von Zeit zu Zeit müssen wir Halt machen und den Lauf der Geschehnisse unterbrechen. Entschleunigung ist angesagt für alle Dimensionen unseres Lebens. Wir brauchen Momente zum Durchatmen, in denen wir die Koffer abstellen können und ausdrücklich Zeit zum Überlegen und zum Beten gewinnen. Wir müssen von Zeit zu Zeit sehen können und uns Rechenschaft darüber geben, wo wir im Leben angekommen sind und wie und wohin es weitergeht. Wir brauchen Zeit, um neu Tritt zu fassen.

1. In Zwängen durcheinander

Dass solches Haltmachen gerade heute in unserer umtriebigen und hektischen Welt angezeigt, ja notwendig ist, braucht keine besondere Erwähnung. Jeder Tag macht es uns bewusst. Überall hört man die gängige Antwort: »Es war zu viel los in letzter Zeit.« Die Signatur von dem »zu viel« und dem Tempo ist uns überdeutlich aufgedrückt. Nur zu gut wissen wir, wie uns das gesellschaftliche Leben ganz allgemein einengt, wie Beruf und Aufgaben uns an die eigenen Grenzen bringen. Sach- und noch stärker Personenzwänge schnüren uns ein. Gefühle von chronischer Müdigkeit, ja von Überforderung sind allgegenwärtig. Immer ist etwas zu viel.

Unter so viel äußerem und innerem Druck drohen das Leben und seine Ordnung immer wieder durcheinanderzugeraten. Was wir uns in guten Momenten vorgenommen haben, hält auf die Dauer den äußeren Zwängen nicht stand. Vorhaben und Vorsätze, die wir uns im Herzen zurechtgelegt haben, werden uns von weiß Gott welchen Raubvögeln aus der Seele gestohlen. So vergehen sie, zerbröckeln und entschwinden.

Es ist nicht zu umgehen und auch mit besten Kräften nicht ganz zu vermeiden, dass wir, solange wir in dieser Welt engagiert sind, außengeleitet sind und fremdbestimmt werden. Wir stehen und geraten immer in Kraftfelder von unzähligen positiven und negativen Einflüssen, so sehr, dass es äußerst schwerfällt, das wirklich zu leben, was wir möchten. Dieser Außendruck kann so stark sein, dass wir den Eindruck gewinnen, wir lebten im Grunde an uns vorbei und reagierten bloß auf soziale Rollenzwänge, würden geleitet von äußeren Reizen und Bildern. Wir lebten nicht aus unserer Mitte.

2. Geistlich ordnen

An diesem Punkt kommt das Anliegen von Exerzitien ins Spiel. Es wird zum Thema und für uns eine Hilfe. Exerzitien sind nichts anderes als ein Versuch, erneut die Mitte des eigenen Lebens zu finden, innere und äußere Ordnung herzustellen. Sie sind eine *Ordinatio vitae*, die durch Glauben und durch intensives Beten gesucht wird. Hilfreich sind sie insbesondere dadurch, dass das ganze Leben, seine Richtung und sein Inhalt, die großen Linien und die kleinen Schritte in die gläubige Betrachtung kommen.

Dies im Großen: Wer Exerzitien macht, wird eingeladen, sich zuerst seinem Inneren zuzuwenden, seinen Gedanken und Gefühlen. Diese sind ja schließlich der Ort, wo Entscheidungen und konkrete Schritte, große und kleine, ihren Anfang nehmen. Hier entsteht das, was aus dem Leben werden soll, hier werden Vorhaben geboren. Der Blick auf diese inneren Anfänge, auf die Ursprungsorte, ist deshalb wichtig und soll geschärft werden. Klar und deutlich soll hervortreten, was im eigenen Inneren Freude und Frieden bringt, aber auch das, was das eigene Herz verdunkelt und beschwert, wo die Stolpersteine liegen, die sogenannten »ungeordneten Anhänglichkeiten« (Ignatius von Loyola), die das Leben bremsen und schuld daran sind, dass es kein Vorankommen, kein Wachstum in Glaube, Hoffnung und Liebe gibt.

Im Kleinen: Der Exerzitant wird angeleitet, kleinere, mehr äußere Dinge ebenfalls in die betende Betrachtung einzubeziehen. Dies kann heißen, den Tagesplan zu überdenken, die Verteilung der Zeit, den Einsatz der Kräfte zu prüfen und je nach Möglichkeiten zu verbessern. Wichtiges gehört ins Zentrum, Überflüssiges auf die Seite. Was unnötiger Ballast ist, soll losgelassen werden, das Gute, was sich als Besseres herausstellt, bekommt dementsprechend größere Beachtung und mehr Zeit.

3. Neu beten lernen

Zu diesen wichtigen Dingen, die einen zentralen Platz in einem gläubigen Leben haben müssen, gehört nun auch das Gebet. Damit ist – neben der *Ordinatio vitae* – das zweite Anliegen angesprochen, das zu Exerzitien gehört. Diese sind immer auch eine Schule des Gebets. Alle angezielte Ordnung beginnt und vollzieht sich durch das persönliche Beten, in dem zu lernen ist, das eigene Leben nach Jesus auszurichten. Von dort her ist es als Geschenk zu begreifen und zu umfangen, von dort her auch zu bessern und zu korrigieren. In ihm geschieht die fortdauernde Umkehr zu Gott, unserem Schöpfer.

Menschen, die zu Exerzitien kommen, bringen in der Regel schon vielfältige Erfahrungen mit dem Gebet mit. Sie fangen nicht beim Nullpunkt an. Sie können an Bekanntes anknüpfen und es weiterführen. Dies geschieht vorerst dadurch, dass sie in den Tagen der Exerzitien zurückschauen können, sich Rechenschaft geben, wie und wo ihnen das persönliche wie gemeinschaftliche Gebet eine Hilfe war, Herausforderungen des Lebens zu bewältigen, nicht weniger aber auch, wo Beten die Freude am Leben vermehrt hat. Sie werden bei diesem Rückblick gewahr, wo Beten schwierig wurde, wie es in den Zwängen des Alltags sehr oft anderen Verpflichtungen weichen musste, es ausblieb und unterlassen wurde. Es hat noch nicht den Platz, der ihm gehört.

Deshalb bleibt das Gebet auch für Fortgeschrittene immer ein Feld des Lernens, eine Schule und Mühe. Immer gewinnt die Aufforderung, welche die Apostel an Jesus richten, neue Aktualität: »Herr, lehre uns beten!« Und immer wieder erfahren wir, wie wahr es ist, was Paulus im Römerbrief schreibt: »Wir wissen ja nicht, um was wir bitten sollen, wie es sich gehört. Doch der Geist tritt selbst für uns ein« (Röm 8,26), »in dem wir rufen: Abba, Vater« (Röm 8,15).

Wir bleiben im Gebet immer solche, die etwas zu lernen haben, die bemüht sind, sich dem ständig neuen Anfang, den Gott mit uns macht, zu stellen. Das geschieht in Exerzitien.

II. DER EINSAME ORT – HERAUSFORDERUNG UND CHANCE

»Da zog der Herr vorüber. Ein gewaltiger, heftiger Sturm, der Berge zersprengt und Felsen spaltet ... aber der Herr war nicht im Sturm … [dann] kam ein leises, sanftes Säuseln. Als Eljia das vernahm, verhüllte er sein Gesicht mit seinem Mantel, ging hinaus und trat an den Eingang der Höhle« (1 Kön 19,11–13).

Exerzitien sind nach der Meinung des heiligen Ignatius Gelegenheit und Einladung, Ordnung zu schaffen. Sie sind eine *Ordinatio vitae*. Dazu ist es nötig, die äußeren Rahmenbedingungen zu überlegen und festzumachen. Vorerst gilt es, die gewöhnlichen

Arbeits- und Lebensrhythmen zu unterbrechen, den Ort, wo man lebt und arbeitet, zu wechseln. Es braucht äußere Distanz, einen Abstand zu den gewohnten Pflichten und Sorgen. Im Bild gesagt: Der Schnellläufer kann, während er läuft, merken, dass etwas nicht stimmt und er sich zu sehr verausgabt; er kann eigenes Unwohlsein wahrnehmen. Will er jedoch die Richtung ändern, muss er Halt machen und das Ziel neu bestimmen. Beim Weiterlaufen selbst wird nichts klarer und kann noch weniger die Richtung korrigiert werden.

1. Nicht Kulissenwechsel, sondern Stille

So steht es im Exerzitienbuch: »Für gewöhnlich wird er (der Exerzitant) dabei umso mehr vorankommen, je mehr er sich von allen Freunden und Bekannten und von aller irdischen Sorge absondert; zu diesem Zweck kann er das Haus wechseln, in dem er bisher wohnte, und sich ein anderes Haus oder Zimmer nehmen, um in ihm umso mehr in der größtmöglichen Verborgenheit zu leben; und zwar auf eine Weise, dass es nur von seinem Willen abhängt, täglich zur Messe und zur Vesper zu gehen, ohne befürchten zu müssen, dass ihm seine Bekannten ein Hindernis bereiten« (EB 20).

Was solche Absonderung bringt? Sie hilft vorerst, wie schon angedeutet, Lebens- und Arbeitsrhythmen herunterzufahren und zu verlangsamen. Sie schafft inneren Raum, damit wir dessen ansichtig werden, was in uns wirklich lebt: Gegenwärtiges, was gerade in unserem Sinn und in unseren Gefühlen lebendig ist; natürlich aber auch alles Vergangene und Zukünftige. Die gewohnte Schutzmauer, die wir uns durch Betriebsamkeit und Zerstreuung bauen, fällt weg. Keine Arbeit mehr, in die wir uns flüchten könnten, kein Allerlei, das uns zerstreuen würde. Stattdessen: ich allein vor Gott.

Die Distanz, die wir mit dem einsamen Ort schaffen, hat an sich etwas Hilfreiches. Schon die Tatsache, in eine andere Umgebung zu kommen, ändert den Blickwinkel und lässt unsere Aufmerksamkeit auf andere Dinge ausgerichtet sein. Sie schafft Distanz. Gewohntes gerät in den Hintergrund, Neues wird sichtbar. Wir sind einfach aufmerksamer. Die Stille allein schafft schon Bedingungen, um Probleme anders zu sehen und Lösungen zu finden.

Was uns jedoch für eine Neuordnung des Lebens notwendig ist, ist nicht einfach eine andere Umgebung. Was wir dazu brauchen, ist ein äußerer Rahmen, der Ruhe und Stille garantiert, um Gottes Botschaft zu vernehmen und in ihrem Licht das Leben neu zu ordnen. Jetzt erst, so steht es bei Ignatius weiter, wo »die Aufmerksamkeit nicht von der Vielfalt der Dinge zersplittert ist, wo die ganze Sorge auf eine einzige Sache gerichtet bleibt, da wird die Seele geeignet, ihrem Schöpfer und Herrn zu nahen und an ihn zu rühren; und je mehr sie sich so an ihn bindet, umso mehr macht sie sich bereit, Gnade und Gabe zu empfangen von seiner göttlichen und höchsten Güte« (EB 15).

2. Not der Anfänge

So also ist der äußere Rahmen abgesteckt. Die Bedingungen sind gegeben, um Gottes Stimme zu hören und seine Gaben zu empfangen. Nun stellt sich die Frage: Wie sich in solcher Abgeschiedenheit zurechtfinden? Was geschieht in uns, wenn wir solch totaler Ruhe ausgesetzt werden?

Wo uns nichts mehr ablenkt, da passiert es nicht selten, dass in unserer Seele ein Vakuum entsteht. Es kann eine Leere geben, die sich schnell von innen her auffüllt. Wenn es draußen um uns herum ruhig wird, geht nicht selten ein Getöse von innen los, eine Art unterschwelligen Dröhnens, das Gedanken in Schwingung setzt, mit denen man sich weniger gern befassen möchte. Alles, was da in uns lebt und verborgen ist, Gedanken und Gefühle, beschwerliche meist zuerst, stoßen in unsere Leere vor. Das Leben, vor allem was verdrängt ist und nicht ernst genommen wird, meldet sich, holt uns ein und kommt zu Wort wie ein rebellisches Schulkind, das aus dem Klassenzimmer gewiesen wird, damit es nicht länger störe. Doch draußen auf dem Korridor hört es nicht auf, zu lärmen und den Unterricht zu stören. Es bleibt keine andere Wahl, als es wieder hereinzuholen und ihm zuzuhören, was ihm auf der Seele liegt. So ist es mit den verdrängten Inhalten, die ins Unbewusste auf die Seite geschoben werden, die jedoch nicht ruhen, bis man sich ihnen zuwendet.

Alles, was zum Leben gehört, will seinen Platz bekommen. Das ist nicht nur, was hinter uns liegt: der Ärger vom Vortag, ungeschicktes Verhalten, alltägliche Reibungen im Zusammenleben; oder der kleine Frust, wie er sich in jedem gewöhnlichen Alltag einstellt. Je länger wir uns der Stille aussetzen, umso deutlicher erheben sich die großen Brocken, kommen die Altlasten zum Vorschein. All die Dinge, die wir schon länger mit uns herumtragen und die nicht wenig schuld daran sind, dass kein größerer Elan und vor allem keine größere Freude ins Leben kommt. Es sind fundamentale Unstimmigkeiten, die das ganze Grundgefühl prägen und blockieren, die wie Blei unser Tun und Treiben schwer machen.

Mag in uns dieser Versuch, uns der Stille auszusetzen, vorerst das Gefühl erzeugen, alles werde dadurch nur schwerer und komplizierter, so bleibt dies doch der einzige Weg, um wirklich zu uns selbst zu kommen. Wir müssen uns gut kennen, um Frieden zu finden, aber auch, um das Richtige zu erspüren und zu tun. Zu bekannt ist die Gefahr, in Momenten innerer Unklarheit und Erschöpfung alles infrage zu stellen. Sind wir körperlich und seelisch nicht in Form, gehen uns die Dinge nicht gut von der Hand.

Dem Ermüdeten und Erschöpften kommen selten die richtigen Worte. Man reibt sich in solcher Verfasstheit unnötig an Banalitäten des täglichen Lebens, bleibt an kleinen dummen Bemerkungen hängen und kommt nicht voran. Ganz abgesehen davon, dass in solchen Momenten der Ermüdung grundsätzliche Zweifel laut werden: Warum das Ganze? Es nützt ja doch nichts! Wozu soll ich hier weitermachen? Was kann ich allein schon beitragen?

Das alles kann sich zu Beginn der Exerzitien einstellen. Die Frage ist, wie damit umzugehen ist, wie wir damit ins Gebet hineinfinden.

3. Segen des Schweigens

Nun gibt es – das ist unser Trost – nicht bloß die Not eines Beginns, es gibt auch eine besondere Gnade, einen Segen, der auf dem Gebet der ersten Tage liegt. Ein guter Beginn – so ein bekanntes Wort – sei mehr als die Hälfte. Wo wir deshalb mit uns alleine sind, wir versuchen, mit all unseren Lasten ins Gebet hineinzufinden, da scheint uns dies vorerst recht schwierig, wenn nicht gar unmöglich. Zu alltäglich, auch zu gering und zu banal kommt uns das eigene Erleben vor, als dass es vor Gott gebracht werden sollte. Nehmen wir uns darin nicht zu wichtig? Ist da nicht zu viel Selbstmitleid im Spiel?

Aber da gibt es eine hilfreiche Einsicht, die uns den Weg bahnt. Mag uns das, was uns durch Kopf und Nieren geht, noch so unfromm und widersprüchlich sein, so dient es doch zu nichts weniger als zum Ausgangspunkt allen Betens. So steht es bei Romano Guardini: »Beten beginnt bei mir und endet bei Gott« (Vorschule des Betens). Wir brauchen diese vordergründige Welt unseres Erlebens nicht zu überspringen, nicht zu negieren und auf die Seite zu schieben. Kein Salto mortale in eine fromme Welt.

Das Gebet, in das wir zu kommen suchen, beginnt nicht woanders als da, wo wir gerade sind: am Ort, an dem wir stehen, bei den Gedanken, die uns im Moment beschweren oder erfreuen, den Gefühlen, die uns bewohnen. All das, was zu unserer aktuellen Befindlichkeit gehört, bildet den Ausgangspunkt des Gebetes. Es kommt mit in den Anfang hinein, wird ein Stück von dem Weg, der uns in die Nähe Gottes führt, wie es in einem Satz von Bernhard von Clairvaux in unübertrefflicher Kürze gesagt ist: »Du musst deinem Gott nur bis zu dir selbst entgegengehen« (Bernhard von Clairvaux, Predigt zum Advent 1:10). Immer also führen die Wege quer durch unser Leben hindurch. Wir können nicht an uns vorbei zu ihm gelangen. Der Weg führt uns durch unsere Armseligkeit hindurch, auch noch durch unsere Unfähigkeit zu beten, durch allen Unmut und allen Widerwillen.

Solcher Trost für den Anfang unseres Betens hängt unter anderem auch damit zusammen, dass das Schweigen, von dem wir ausgehen, eine Verheißung in sich enthält. Wer schweigt und wer darin nach Gott Ausschau hält, sieht und hört mehr, gewinnt dadurch Selbst- und Gottvertrauen. Wo wir stille werden, öffnen sich die Sinne, die inneren und äußeren. Wir werden empfänglich für tiefere Botschaften. Worte, seien es neue oder solche, die wir schon kennen, werden laut, können dadurch trösten und eine Richtung weisen, schaffen Vertrauen.

In diesen Zusammenhang gehört das deutliche Wort von Thomas von Aquin: »Die Unfähigkeit zu schweigen ist eine Tochter der Verzweiflung.« Die Wahrheit dieses Satzes ist leicht an gewissen Phänomenen klarzumachen. Wer wüsste nicht, dass da, wo jemand ständig, ja geradezu zwanghaft redet, etwas nicht in Ordnung ist. Man vermutet zu Recht, dass mit dem Viele-Worte-Machen eine Leere, ja eine Verzweiflung zugedeckt wird. – Aber wir können das Wort von Thomas in unserem Zusammenhang auch umdrehen, sodass es heißt: »Die Fähigkeit zu schweigen ist eine Tochter der Hoffnung.« Auch dies ist wahr und wird auch erfahrbar, wo wir uns selbst im Schweigen aushalten. Da geraten wir in eine Bewegung der Hoffnung. Ähnliches ist im Psalm ausgedrückt, wo es heißt: »Meine Seele ruht in Gott, von ihm allein kommt mir Hilfe« (Ps 62,2). Oder bei Jesaja: »In Umkehr und Ruhe liegt euer Heil, in Stillsein und Vertrauen besteht euere Stärke« (Jes 30,15).

Das Bleiben in der Stille, das Sich-Aushalten ohne Ablenkung und Lärm hat in sich einen Lohn. Es lässt nicht bloß Ordnung entstehen, es initiiert eine Bewegung der Hoffnung! So wie Karl Rahner zusammenfasst: »Wenn du dich ganz der Stille überlässt, rede dann nicht mit dir selber wie mit den anderen, mit denen wir diskutieren und uns zanken, selbst wenn sie nicht da sind. Warte, horche, erwarte kein seltsames Erlebnis. Leere dich nicht anklagend aus, genieße dich nicht. Lass dich schweigend auf dich selbst zukommen. Vielleicht wird dir dann recht entsetzlich zumute. Vielleicht merkst du, wie fern dir doch alle sind, mit denen du täglich umgehst und von denen es heißt, dass man ihnen in Liebe verbunden sei. Vielleicht nimmst du nichts wahr als ein unheimliches Gefühl der Leere und der Erstorbenheit. Halte dich aus. Du wirst erfahren, wie alles, was sich in solcher Stille meldet, umfasst ist von einer namenlosen Ferne, wie durchweht von etwas, das wie Leere erscheint. Nenne es noch nicht Gott. Es ist nur das, was auf Gott verweist und uns in seiner Namenlosigkeit und Grenzenlosigkeit ahnen lässt, dass Gott etwas anderes ist als noch ein Ding mehr, denen hinzugefügt, mit denen wir es sonst zu tun haben. Es lässt uns Gottes Anwesenheit innewerden, wenn wir stille sind und nicht vor dem Unheimlichen, das in der Stille west und waltet, erschreckt fliehen.«[1]

Eine biblische Geschichte, die sich für solche Erfahrungen am Beginn der Exerzitien eignet, ist diejenige von Elija am Berge Horeb. Der Prophet, der durch Misserfolge ermüdet und total frustriert ist, zieht sich in die Wüste zurück, an den Ort, wo er alleine ist. Dort setzt er sich unter einen Ginsterstrauch und wünscht sich den Tod. Im weiteren Verlauf in dieser Wüste »zog der Herr vorüber. Ein gewaltiger, heftiger Sturm, der Berge zersprengt und Felsen spaltet, ging vor dem Herrn her; aber der Herr war nicht im Sturm. Nach dem Sturm kam ein Erdbeben; aber der Herr war nicht im Erdbeben. Nach dem Erdbeben kam Feuer; aber der Herr war nicht im Feuer. Nach dem Feuer kam ein leises, sanftes Säuseln. Als Elija das vernahm, verhüllte er sein Gesicht mit seinem Mantel, ging hinaus und trat an den Eingang der Höhle« (1 Kön 19,11–13).

Was es mit diesem »leisen Säuseln« auf sich hat? Es kann nicht gemeint sein, dass Gott in diesem leisen Wind mehr gegenwärtig gewesen wäre als in Sturm und Feuer. Dass Gott auch im Sturm seine Gegenwart deutlich machen kann, wissen wir aus der Sendung des Heiligen Geistes an Pfingsten. Hier jedoch ist gesagt, wie das leise Säuseln die Bedingung schafft, um Gottes Wort und seine Gegenwart zu erfahren. Es schafft die Stille, diese fundamentale Voraussetzung, damit Gott sich uns zeigen kann und sein Wort gehört wird. So gewinnt der Prophet Mut und Hoffnung, verlässt seine Trauerhöhle und stellt sich auf den Felsen. »Als Elija das vernahm, verhüllte er sein Gesicht mit seinem Mantel, ging hinaus und trat an den Eingang der Höhle.«

Die Geschichte ist im eindrücklichen Bild von Sieger Köder wiedergegeben. Die grünen kleinen Blätter, die dem ermüdeten Propheten in die Hand geweht werden, deuten die kleinen Anfänge an, wodurch Gott sich vernehmbar macht.

III. DER MENSCH IST GESCHAFFEN, UM GOTT ZU LOBEN

»Was ist der Mensch,
dass du seiner gedenkst!
Des Menschen Sohn,
dass du Sorge trägst
um ihn! Du hast ihn
nur wenig unter die
Engel gestellt, hast
ihn gekrönt mit Ehre
und Herrlichkeit«
(Psalm 8,5-6).

Wie Exerzitien gut beginnen? Schon viel ist gewonnen, wo Abgeschiedenheit und Stille gegeben und gesichert sind. Davon war die Rede. Die Exerzitanten haben den nötigen äußeren Rahmen, sie können einsteigen, stehen auf der Schwelle. Was erwartet sie nun? – Im Exerzitienbuch findet sich ein klarer Vorschlag für das, was am Anfang stehen soll. Wer sein Leben ordnen will, bedenke das Ziel, zu dem er geschaffen ist. So steht in lapidarer Kürze: »Der Mensch ist geschaffen dazuhin, Gott, unseren Herrn, zu loben, ihn zu verehren, ihm zu dienen und so sein Leben zu retten« (EB 23).

1. Der Mensch – ein Lobpreis Gottes

Zu bedenken also sei, dass wir geschaffen sind zum Lobe Gottes. So einfach und klar dies klingt, so mächtig und herausfordernd ist sein Inhalt. Gerade dann, wenn dies für den Anfang von Exerzitien gelten soll. Ein ganzer Berg von Fragen wird hier sichtbar, existenzielle, auch kritische. Warum sollen wir Gott loben? Bedarf er unseres Lobes? Wer ist er denn, so mag eine andere Frage lauten, dieser Gott, den wir loben sollen? Wem vertrauen wir, auf was lassen wir uns ein, wenn wir zu beten und zu loben beginnen? Wir möchten irgendwie wissen, wie und wofür wir loben sollen, warum das Leben lobenswert ist. Wem gilt der Lobpreis? Das sind alles Fragen, die sich auf der Schwelle zu den Exerzitien melden können.

Ohne gefragt zu sein, sind wir geschaffen, wurden auf diese Erde in eine Zeit und Familie, in Umstände gesetzt, die wir nicht gewählt haben. Es ist eine vollendete Tatsache: Wir existieren einfach, mit Leib und Seele, mit Körper und Geist. Dieses ungefragte Dasein ist und bleibt eine große Herausforderung. Wir möchten wissen, was es bedeutet, vor allem, ob es gut und lobenswert sei, dass wir uns hier auf dieser Erde befinden. Wir brauchen gar nicht als metaphysische Grübler zu gelten, wenn wir solche Fragen stellen, wenn wir nach Sinn und Ziel, vor allem nach der Gutheit des Geschaffenseins fragen.

Ob das Leben lobenswert sei, ist keine einfache Frage. Vieles geht uns durch den Kopf. Frühere Erfahrungen und Begegnungen, die uns auf gute und lobenswerte Dinge aufmerksam gemacht haben. Zeiten und Jahre, in denen wir das Leben durchaus als gut und sinnvoll erfuhren, wo wir wussten, weshalb wir am Morgen aufgestanden sind und weshalb wir am Abend gerne müde waren. Wir fühlten uns in gelungenen Kontakten, vor allem in beruflichen Tätigkeiten nützlich oder gar notwendig, waren geschätzt, willkommen, auch geliebt. All das hatte Sinn, stärkte das Selbstwertgefühl, machte das Loben möglich und auch leichter.

Aber bei all diesen zeitlich begrenzten Sinnerfahrungen kann uns deutlich werden, dass in unserem Leben noch eine tiefere Sehnsucht lebendig ist. Wir möchten nicht nur geschätzt und geliebt sein, weil und solange wir nützlich sind, einander helfen können, das Leben leichter zu machen. Unsere Sehnsucht ist tiefer, grundsätzlicher, auch anspruchsvoller. Es ist nichts anderes als eine geschöpfliche, mit der Natur gegebene Bitte, dass jemand einfach Freude daran hat, dass ich existiere und da bin, unabhängig von Leistung und Ansehen. Das ersehnte Wort: Wie gut, dass du da bist. Ein rundes Kompliment ohne Hintergedanken und Nebenabsichten.

Mit diesem Wunsch halten wir Ausschau und suchen nach dem Sinn des Lebens. Ob es das gibt, ob solche Sehnsucht erfüllt werden kann: geliebt zu sein um unserer selbst willen? Immer bleiben konfuse Zweifel an der Erfüllbarkeit solcher Wünsche, Unsicherheiten, ob diese Sehnsucht nicht eine Einbildung, eine Selbstüberforderung oder gar Illusion sei. Es bleibt die Angst, ungeliebt zu sein und vergessen zu werden. Wer denkt denn an mich, wenn ich ihm ferne und lange Zeit aus seinem Gesichtskreis verschwunden bin? Wem fehle ich, wenn ich nicht mehr da bin? – Ein ganz konkretes, fast lustiges Beispiel dafür ist jener Junge, mit dem ich auf der Piazza Navona spazieren war. Plötzlich fragt er mich: »Weiß denn jemand von diesen vielen Menschen, dass ich da bin?« Metaphysische Fragen aus Kindermund.

Ähnliche Unsicherheit und Ungeborgenheit, wie sie in diesem jungen Knaben zum Vorschein kommen, finden sich in einem berühmten Text von Pascal. Es ist nicht das große Gewimmel von Menschen, die das Gefühl von Verlorenheit erzeugt, sondern die unendlichen Räume der Gestirne und der Zeiten.

> »Ich sehe diese furchtbaren Räume des Weltalls, die mich umschließen, und ich finde mich an einem Winkel dieser unermesslichen Ausdehnung gebunden, ohne zu wissen, warum ich gerade an diesen Ort gestellt bin und nicht an einen anderen, noch warum mir die kleine Zeitspanne, die mir zum Leben gegeben ist, gerade an diesem und nicht an einem anderen Punkt der ganzen Ewigkeit zugeordnet ist: der Ewigkeit, die mir vorausgegangen ist, und jener, die mir folgt. Ich sehe auf allen Seiten nur Unendlichkeiten, die mich umschließen, wie ein Atom und wie einen Schatten, der nur einen Augenblick dauert und nicht wiederkehrt. Alles, was ich weiß, ist, dass ich bald sterben muss, aber was ich am allerwenigsten kenne, ist dieser Tod selber, dem ich nicht entgehen kann.«[2]

Worte des staunenden Erschreckens. Was bin ich, ein Wesen »in kleinen Winkeln des Kosmos«, »ein Schatten eines Augenblicks in der Ewigkeit«. Was soll ich da? – Eine Frage, die hier keine Antwort bekommt, ein Erschaudern, das den Boden unter den Füßen wegzieht.

Weiter kommen wir mit unserer Frage, ob denn unser Leben ein Lob verdiene, wenn wir auf einen anderen Betrachter des Sternenhimmels achtgeben. Wir lesen und betrachten Psalm 8. Hier ist ebenfalls von einem Bewunderer des Kosmos die Rede, von einem, der die gleiche Frage stellt, der aber im Gebet eine Antwort bekommt. Aus dem Fragenden nach der Größe des Kosmos wird ein Beter.

> »Ich schaue den Himmel, das Werk deiner Finger,
> den Mond und die Sterne, die du geschaffen.
> Was ist der Mensch, dass du seiner gedenkst!
> Des Menschen Sohn, dass du Sorge trägst um ihn!
> Du hast ihn nur wenig unter die Engel gestellt,
> hast ihn gekrönt mit Ehre und Herrlichkeit.
> Du hast ihm Macht gegeben über das Werk deiner
> Hände, alles hast du ihm zu Füßen gelegt:
> All die Schafe und Rinder und die Tiere des Feldes,
> die Vögel des Himmels und die Fische im Meer
> und alles, was dahinzieht die Pfade der Meere.
> Herr, unser Gott! Wie wunderbar ist auf
> der ganzen Erde dein Name!«
> (Psalm 8,4–10)

Des Näheren gesehen: Es kommt dem betrachtenden Beter ganz unerhört, ja grund- und verhältnislos vor: einerseits die Größe und Majestät des nächtlichen Himmels, anderseits die Winzigkeit des eigenen Wesens. Welch ein Unterschied, welche Distanz, welche Ferne! Wer bin ich, dass du an mich denkst, ich, »des Menschen Sohn«, so fragt sich der Psalmist? Ich, ein winziges Geschöpf, ein »Würmchen« (Jesaja 41,14), *un petit rien du tout*, ein Zufallsprodukt am Rande des Universums, das eine kurze Zeit nur zu leben hat? Wie ist zu erklären, dass jemand, und dann noch der Schöpfer dieses Universums, in diesen unendlichen Räumen des Kosmos einen Gedanken verschwendet, damit ich in all dem vielen nicht vergessen werde?

Und dazu kommt: Ich, ein Nichts im Ganzen, werde in die Nähe dieses Schöpfers gesetzt, bin nach seinem Bilde geschaffen, nur ein wenig geringer als Gott (wie das Bild von Chartres deutlich macht). Auf sichtbare Weise trage ich Gottes Spuren in mir, sozusagen seine Fingerabdrücke. Ich bin als Geschöpf nicht bloß als »gut« befunden, sondern als »gott-durchwirkt« (Thomas von Aquin), bin deshalb dazu bestimmt, eine »Facette seiner Herrlichkeit« (C. S. Lewis) zu werden. Des Staunens kein Ende! »Herr, was ist doch der Mensch, dass du seiner dich annimmst, das Menschenkind, dass du seiner gedenkest?« (Ps 144,3).

2. Ich werde geliebt, folglich bin ich

Gott denkt groß vom Menschen, so könnte man das Gesagte zusammenfassen. Was der Schöpfer zu Beginn ausgesprochen hat, bleibt ewig gültig. Er fand, dass es gut, ja sehr gut sei (Gen 1,31), dass ich existiere, und er sagt es immer wieder, zu jedem Zeitpunkt, vom Anfang bis zum Ende, ohne Reue, ohne einen Schatten von Bedauern. Es bleibt eine absolut unaufhebbare Setzung Gottes, eine höchste Ehre, die er seinem Geschöpf schenkt, die Leben und Tod umfasst. Wenn irgendwo, dann gilt hier das Wort von Gabriel Marcel: »Einen Menschen lieben, heißt ihm sagen: Du wirst nicht sterben.«[3]

Die Ehre, die Gott dem geschaffenen Menschen antut, wird überdeutlich in dem Wort: Du hast ihn nur wenig geringer gemacht als Gott. Wie solche Nähe, solche Ähnlichkeit verstehen und wie formulieren? Gibt es Gleichnisse, Bilder ohne Analogien? Welches sind die Worte, die hilfreich sind, um ein solches Geheimnis annähernd zu verstehen? Ist er etwa dem Bildhauer ähnlich, der Tag und Nacht an seiner geliebten Skulptur arbeitet und sich müht, um seine Lieblingsidee aus dem Stein herauszuholen, damit das, was da entsteht, »nur wenig geringer ist als er selbst«? – Oder ist die liebende Sorge um die Nähe, die Gott zu seinem Geschöpf hat, in dem Bild einer Mutter aufgehoben? Eine Mutter, die ihr einziges Kind so umhegt und in den Armen hält, sodass für sie rechts und links nichts sie beschäftigen kann oder ihre Aufmerksamkeit verdient. – Oder welches sind die Worte, welche die Wahrheit einer kaum formulierbaren Nähe Gottes zu seinem Geschöpf auszudrücken vermögen? Ganz nahe sind die Formulierungen von John Henry Newman, die nicht wenig von dieser Ehre, die Gott dem Menschen schenkt, erahnen lassen.

»Gott sieht dich als Einzelwesen, in der Lage, in der du gerade bist. Er ›ruft dich bei deinem Namen‹ (Jes 43,1). Er sieht dich, und er versteht dich, denn er ist dein Schöpfer. Er weiß, was in dir vorgeht; er weiß von all deinem persönlichen Fühlen und Denken, deinen Anlagen und Neigungen, deiner Kraft und deiner Schwäche. Er sieht dich in den Tagen der Freude, in den Tagen der Trübsal; er nimmt teil an deinen Hoffnungen und deinen Versuchungen; er ist Mitwisser um deine Ängste und Erinnerungen, um das Auf und Nieder deiner Stimmungen; er hat die Haare deines Hauptes und die Ellen deiner Körperlänge gezählt; er umschließt dich rings und trägt dich in seinen Armen; er hebt dich auf und setzt dich nieder; er beobachtet dein Antlitz, ob es lächelt oder weint, ob es gesund oder krank erscheint; er hört das Pochen deines Herzens und den Atem deiner Brust. Du liebst dich selber nicht mehr, als er dich liebt; du kannst nicht erschreckter vor einer Prüfung erbeben, als er teilnehmend sie mit dir tragen will; und er legt sie dir mit einer solchen Rücksicht auf, wie nur du selbst es um eines größeren Gutes willen tätest, wenn du weise wärest. Du bist nicht nur sein Geschöpf – obschon er auch für die kleinen Sperlinge sorgt und sich des Viehs von Ninive erbarmt (Mt 10,29; Jona 3,7 ff.) –, du bist ein Mensch, erlöst und geheiligt, sein angenommenes Kind, und hast gesegneten Anteil an jener Herrlichkeit und Seligkeit, die er von ewig in Fülle seinem eingeborenen Sohn geschenkt.«[4]

Hier also liegt die Auskunft, die uns auf die Frage nach der Gutheit unseres Lebens, auch nach den Möglichkeiten des Lobens gegeben wird. Es ist eine Botschaft, die uns hilft, des Lebens froh zu werden, die stark genug ist, um unser Vertrauen in das eigene Leben zu stärken. Es ist eine Botschaft, die unserer Sehnsucht nach Geborgenheit entspricht und gerecht wird. Dass da jemand um uns weiß, unser Herz besser kennt als wir selbst, uns tiefer liebt, als wir es selber vermögen, das lässt großes Selbstvertrauen entstehen, welches uns innerlich hält und aufrichtet. Wir können aufatmen, können aufrecht gehen, können loben, so wie der Religionsphilosoph Franz von Baader das Wort von Descartes: »Ich denke, folglich bin ich« in die Religion übersetzt: »Amor ergo sum. – Ich werde geliebt, also bin ich.«

3. Dass die Zunge die preisende bleibe

Wie ist schließlich die Anweisung des Exerzitienbuches, dass unser Leben ein Lob Gottes werde, umzusetzen? Wie überhaupt zu Menschen werden, die zum Loben fähig sind? Wie es anstellen, dass »unsere Zunge die preisende« (Rilke) werde?

Viel hängt gewiss davon ab, was wir von unserer Herkunft und Erziehung mitbekommen haben. Das gläubige Umfeld, in dem wir aufgewachsen sind, ist nicht unbedeutend. Haben wir gelernt, für gute Gaben zu danken, oder noch mehr, darüber hinaus, für Glück und Wohlergehen Gott zu loben? Viel hängt von dieser geistigen und geistlichen Mitgift ab, ob wir zu einer lobenden Grundhaltung finden.

Aber die Schwierigkeiten bleiben. Auch da, wo diese Voraussetzungen gegeben sind, ist es nicht leicht, Gott dafür zu loben, dass wir geschaffen sind. Zumindest nicht direkt, auch wenig nur in gewöhnlichen und alltäglichen Begebenheiten und Verhältnissen. Schon eher, wenn uns besonderes Glück überrascht, bei unerwartetem Gelingen eigener Pläne, beim Anblick eines überwältigenden Bergmassivs. Da mögen Gefühle großen Dankes aufkommen, auch des Lobes, die zu einem Gebete werden. Was Herz und Sinn tief erfüllt, fließt zu Gott hinüber. Aber sonst, im Durchschnitt unserer gewöhnlichen Tage, kommt wohl eher selten ein ausdrückliches Lob auf die Zunge. Da begegnet uns zu vieles, was nicht zu loben ist, zu vieles, was stört und kratzt, zu viele Widrigkeiten, Krach und Krankheit, Katastrophen und Kriege. So viele Tatsachen und Gegenargumente, die gegen die Gutheit der Schöpfung sprechen. Wir fühlen uns deshalb schnell überfordert, wenn wir in der Bibel auf Psalmen des Lobes stoßen, die mit Staunen und Enthusiasmus zu einem Lobpreis Gottes einladen, wo alles, was existiert, zum Mitloben aufgerufen wird, die ganze Schöpfung, Sonne und Mond, Regen und Tau, Berge und Hügel. Alles soll mitmachen und helfen, das eigene Lob zu verstärken und zu intensivieren. Wer soll da schnell und ehrlich von Herzen mitsingen, wenn es heißt: »Lobe den Herren, der alles so herrlich regieret, der dich auf Adelers Fittichen sicher geführet!«

Mögen solche Widerstände den großen Lobpreis Gottes behindern, so bleibt es im Rahmen von Exerzitien doch eine erste Aufgabe, das Lob zu lernen. Es gibt eben gegen allen Anschein das Schöne, das Sinnvolle, das Lobenswerte, das oft verborgen und verschüttet ist und neu entdeckt werden muss. Wir beten in Exerzitien darum, dass uns die Augen für das Schöne in der großen und der kleinen Welt geöffnet werden, um in den täglichen Erfahrungen das Sinnvolle und Lichtvolle zu sehen. Wo wir ausdrücklich anfangen, uns zu bemühen, diese oft kleinen Lichtblicke im Alltag, diese positiven Details zu suchen, da werden wir sie auch finden. Der Ratschlag eines orthodoxen Mönchs bleibt beherzigenswert. Er berichtet, wie er es sich zur Gewohnheit gemacht hat, den Tag nicht zu beschließen, ohne Gott für drei Dinge zu loben. Ein Rat, der in mehreren Hinsichten weise und vernünftig ist. Wo wir angehalten werden, drei Dinge im vergangenen Tag zu suchen, da werden wir sie auch finden, auch wenn es unter Umständen Mühe kostet. Vielleicht kommen wir mit der Zeit sogar dahin, auch noch in Missgeschicken und Pech etwas Positives zu sehen und dafür zu danken. Vielleicht auch erst im Rückblick. – Der Rat des Mönchs macht aber zudem darauf aufmerksam, dass der Geist Gottes, der alle Wirklichkeit durchdringt, wenn nicht vordergründig, in unbedeutenden, auch schwierigen Vorkommnissen wirkt. Er ist tief in allem, durchdringt und ist gegenwärtig in kleinsten Dingen. Er macht uns seine Gegenwart nicht bloß dort deutlich, wo wir Glück haben und zum Loben eingeladen sind; nicht allein da, wo Zufälle uns zu Hilfe kommen. Nein, alle Fügungen, große und kleine, glückliche und schmerzliche, sind vom Geist Gottes geprägt.

Vieles, genauer gesagt alles, mag helfen, uns zu einer positiven und lobenden Grundhaltung zu erziehen. Vor allem ist und bleibt das Gebet selbst jenes Tun, wo wir lernen, Gott zu loben. Wir stimmen ein in das große Ja, das Gott zu jeder Zeit zu uns sagt. Es soll auch gelten bis heute, wie es Rilke in der 9. Duineser Elegie in einem unübertroffenen Bilde sagt:

»Zwischen den Hämmern besteht
unser Herz, wie die Zunge
zwischen den Zähnen, die doch,
dennoch, die preisende bleibt.«

IV. GOTT BLEIBT AM WERK

»Immerfort empfange
ich mich
aus Deiner Hand.
Das ist meine Wahrheit
und meine Freude.

Immerfort blickt Dein
Auge mich an,
und ich lebe aus
Deinem Blick,
Du mein Schöpfer
und mein Heil.«[5]

(Romano Guardini)

Staunenswert ist, dass Gott auf die Idee kam, mich ins Dasein zu rufen. Er fand es gut seit ewigen Zeiten, mich zu schaffen, findet es gut bis zum heutigen Tag. Er lässt nicht von mir ab, bleibt am Werk, hört nicht auf, alles zu tun, was zum vollkommenen Gelingen meines Lebens förderlich und nötig ist.

Wenn Gott, der nichts anderes als Liebe ist, etwas schafft, dann tut er dies ganz, immer und ewig. Nicht bloß am Anfang, wie wir es zu denken versucht sind. Schon die gewohnte Redeweise macht uns auf die Gefahr aufmerksam. Ist von Schöpfung die Rede, heißt es meistens: »Gott hat die Welt, hat uns Menschen erschaffen!« Ein Satz also in der Vergangenheit, ein göttlicher Akt, der einmal gesetzt wurde und in sich abgeschlossen ist. Das, was so am Anfang geschaffen wurde, ist, um es in einem Bild zu sagen, auf die Schiene gestoßen, kann losfahren, muss aber, was seine Entwicklung betrifft, Richtung und Tempo selbst bestimmen. Ein Wurf aus der Ferne, ein Gebilde des Anfangs, das deutlich die Spuren der Schöpferhand trägt, dessen weitere Entwicklung der eigenen Steuerung und den äußeren Zufällen überlassen ist.

1. Gottes Liebesmüh

Dieses Bild von einem Schöpfergott, der zu Beginn aktiv und kreativ ist, später aber sich zurückhält oder sich gar zurückzieht und passiv bleibt, entspricht nicht dem christlichen Gottesbild. Gott bleibt am Werk und ist der beständig wirksame Grund der Schöpfung.

Dazu vorerst das Zeugnis des heiligen Ignatius. Er, ein geistlicher Analphabet, der alle wichtigen Einsichten durch persönliche und schmerzliche Erfahrungen lernen musste, begegnet einem Gott, den er nicht bloß dafür lobt, geschaffen worden zu sein, sondern auch dafür, dass dieser Schöpfer an seinem Leben hängt und sich dafür abmüht. Wörtlich heißt es: »Erwägen, wie Gott um meinetwillen in allen geschaffenen Dingen auf dem Angesicht der Erde arbeitet und sich müht; d. h.: Er verhält sich wie einer, der mühsame Arbeit verrichtet« (*ad modum laborantis*; EB 236).

Was Ignatius klar geworden ist, dass Gott sich um sein Leben müht, das will er auch anderen weitergeben. Nicht bloß Exerzitanten, sondern allen, die glauben und beten möchten. Jeder Einzelne soll erwägen, »was Gott, unser Herr, für mich getan hat … und wie weiterhin derselbe Herr sich mir noch zu geben wünscht, so sehr er kann« (EB 234). Der Betende soll auf diese Weise innewerden, wie Gott, sein Schöpfer, sich um ihn müht, und zwar dadurch, dass er »ihm geistige Einsicht vermittelt, ja ihn gleichfalls zu einem Tempel macht« (EB 236).

Anders gesagt: Alles, von dem Gott will, dass es sei, soll wachsen bis zu jener Schönheit und Fülle, die in ihm grundgelegt ist. Das ist das Ziel jenes bleibenden göttlichen Wirkens. Dazu ist uns der Heilige Geist gesandt. Er wird unseren Glauben, unsere Hoffnung und Liebe stärken, wird uns Einsicht geben in das, was Gott mit uns will und vorhat. »Wenn aber jener kommt, der Geist der Wahrheit, wird er euch zur vollen Wahrheit führen« (Joh 16,13).

Wie es im Vierten Hochgebet der Eucharistie heißt: »Als erste Gabe hat er für alle, die glauben, den Heiligen Geist gesandt, der das Werk seines Sohnes auf Erden weiterführt und alle Heiligung vollendet.« Alles, was geschaffen ist, gerät auf diese Weise in eine Bewegung der Erneuerung, d. h., was schon grundgelegt ist, soll sich entfalten; alles, was das ursprüngliche Bild verdunkelt, was die Schöpfung verwundet hat, soll durch das Wirken des Geistes wiederhergestellt und geheilt werden. Gottes Geist wirkt in allem, nicht neben, vor und nach all dem, was unser Leben ausmacht, sondern im jetzigen Augenblick, im Innersten unseres Wesens.

2. Liebe, die vollenden will

Der Gedanke vom kontinuierlichen Schaffen Gottes wird für uns noch klarer, wenn wir ausdrücklich darüber nachdenken, was Liebe denn in ihrem innersten Wesen ist. Am besten gehen wir von unserem gewohnten Verständnis aus, vom alltäglichen Wortgebrauch. Wird uns die Frage gestellt, was wir unter Liebe verstehen, was antworten wir? Als spontane erste Reaktion mag uns etwa Folgendes in den Sinn kommen: Jemanden lieben, das heißt doch nichts anderes, als ihn annehmen, wie er ist, mit all seinen Stärken und Schwächen, ohne Abstriche, ohne Kritik. Wo uns dies gelingt, dürfen wir gewiss sein, dass Liebe uns leitet. Ohne Zweifel, so beteuern wir uns, ist da, wo wir jemanden ohne Wenn und Aber gernhaben, der Kern dessen berührt, was Liebe ausmacht. Sie ist Gutheißung, Bejahung, Teilnahme: »Wie gut, dass es dich gibt!«

Und doch: So einsichtig dies ist, erhebt sich ein Einwand, zumindest eine Gegenfrage. Jemanden lieben mit all seinen Unvollkommenheiten, vor allem mit seinen negativen Eigenschaften? Kann ich das? Kann ich meinen Freund oder meine Freundin lieben, wenn ich weiß, wie ungerecht und unfreundlich er oder sie sich am Arbeitsplatz benimmt? Wie soll ich denn gutheißen, was nicht liebenswert ist? Regt sich bei uns nicht Bedauern oder sogar Mitleid, wo wir sehen müssen, dass diejenigen, die wir mögen, unehrlich, feige, ungerecht und gar böse sind? Bedrückt es uns nicht, wenn Menschen, mit denen wir befreundet sind, so offensichtlich hinter den Möglichkeiten ihres Lebens zurückbleiben, sie es gar vertrödeln? Ihnen einfach zu sagen: »Du bist halt so«, da, so merken wir, schwingt etwas von Resignation und Lieblosigkeit mit. Ist es folglich nicht so, dass wir da, wo wir jemanden wirklich lieben, nicht anders können, als zu wünschen, dass der Geliebte frei werde von allem, was diese Lebendigkeit behindert? In der Tat: Liebe mag kleinste Fehler des Geliebten ertragen, aber sie hört nicht auf zu wünschen, der Geliebte würde davon befreit.

In gewohnt anschaulicher Weise sagt dies C. S. Lewis mit folgenden Worten:

> »Die Liebe verlangt kraft ihres eigenen Wesens nach der Vervollkommnung des Geliebten; die ›bloße Gutherzigkeit‹, die alles

> duldet, nur nicht, dass der Geliebte leide, ist in diesem Betracht das Gegenteil von ›Liebe‹. Wenn wir eine Frau lieben – hören wir dann etwa auf, uns darum zu kümmern, ob sie sauber oder schmutzig, schön oder hässlich ist? Beginnen wir nicht gerade dann erst, uns darum zu kümmern? Betrachtet irgendeine Frau es als ein Zeichen der Liebe des Mannes, dass er weder weiß noch sich darum kümmert, wie sie aussieht? Liebe vermag sehr wohl die Geliebte zu lieben, wenngleich ihre Schönheit dahin ist; aber nicht, weil sie dahin ist. Liebe kann alle Schwächen vergeben und ihnen zum Trotz lieben; aber Liebe kann nicht aufhören, zu wünschen, dass sie verschwinden.«[6]

Liebe richtet sich also auf das Ganze eines geliebten Menschen, auf das, was er ist, aber auch auf das, was er sein könnte: Sei es Gesundheit, Glaube, Liebe und Hoffnung. Sie richtet sich auf die Zukunft jedes Geschöpfes, auf die Hoffnungen, nimmt teil an dem, was der Geliebte sein kann, nimmt ihn mit in die eigene Zukunft. Dadurch weckt er im Geliebten neue Chancen und Möglichkeiten, wie es in einem Wort Goethes zusammengefasst ist: »Wenn wir die Menschen so lieben, wie sie sind, machen wir sie schlechter, als sie sind; wenn wir sie dagegen behandeln, als ob sie wären, wie sie sein sollten, werden wir sie dorthin bringen, wo sie hingehören« (Wilhelm Meisters Lehrjahre).

Das Wort von Goethe macht in großem Maße deutlich, was mit Liebesmüh gemeint ist. Liebe, wo immer sie diesen Namen verdient, ist mehr als nur ein gutes, mehr oder weniger ständiges Gefühl zwischen zwei liebenden Wesen. Mehr auch als momentane Freude an gegenseitiger Harmonie. Sie begnügt sich nicht mit dem, was der Geliebte in seinen Gedanken und Gefühlen ist und was er erreicht hat. Sie bringt immer auch direkt oder indirekt ins Gespräch, was der Geliebte werden kann.

Ohne Zögern dürfen wir diesen Begriff von Liebe auch auf die Liebe Gottes übertragen. Seine Liebesmüh richtet sich auf

Gelingen und Glücken eines jeden seiner Geschöpfe, ruft sie in seine Nähe, »dorthin, wo sie hingehören«. Gottes Liebe will das ganze Glück. – Daran glauben zu können, ist keine leichte Sache, weder praktisch noch theoretisch. Es bedarf großen Mutes, sich ganz und immer in die kreative Hand Gottes zu legen, sozusagen sich göttlicher Bearbeitung zu unterziehen. Und es bedarf wohl auch theoretisch einer nicht kleinen Korrektur unseres Gottesbildes, wenn wir ernsthaft mit der göttlichen Liebesmüh rechnen. Nicht ohne Humor, aber mit einem präzisen Bild schreibt C. S. Lewis:

> »Unter dem guten Gott verstehen wir heutzutage fast ausschließlich den ›lieben‹ Gott; und wir mögen damit auch recht haben. Aber mit Liebe meinen die meisten von uns in diesem Zusammenhang so viel wie Gutherzigkeit, d. h. den Wunsch, jemand anderes glücklich zu sehen, nicht glücklich in diesem oder jenem Sinn, sondern einfachhin glücklich. Was uns wirklich passen könnte, das wäre ein Gott, der zu allem, was wir gerade gern täten, sagen würde: ›Was macht es schon, solange sie nur zufrieden sind?‹ In der Tat, wir möchten nicht so sehr einen Vater im Himmel als vielmehr einen Großvater im Himmel – einen greisen Wohlmeiner, der es, wie man sagt, ›gerne sieht, wenn die jungen Leute sich amüsieren‹ und dessen Plan für das Universum einfach darauf hinausläuft, dass am Abend eines jeden Tages gesagt werden kann: ›Es war für alle wundervoll.‹ … Ich würde sehr gern in einer Welt leben, die nach solchen Grundsätzen regiert würde. Aber da es über die Maßen klar ist, dass dies nicht der Fall ist, und da ich Grund habe, nichtsdestoweniger zu glauben, dass Gott die Liebe ist, so komme ich zu dem Schluss, meine Vorstellung von Liebe möchte einer Korrektur bedürfen.«[7]

3. Wer glaubt, lässt sich wandeln

Was kann es nun für unser Leben bedeuten, wenn Gott am Werk bleibt, er uns nicht einfach unserem mittleren Glück überlässt, sondern uns hinführen möchte auf größere Freude und Liebe, auf Vollkommenheit unseres Daseins?

Schon klang es an! – Der Gedanke von einer ständigen Schöpfung löst nicht eitel Freude aus. Er ist sperrig und provokativ. Automatisch regen sich Widerstände, wenn es darum gehen soll, sich im Äußern und auch im Innern verändern zu lassen. Und erst noch, wenn dies ständig geschehen soll. Immer offen bleiben für »göttliche Bearbeitung«, das ist nicht leicht zu denken, noch schwieriger zu ertragen. Irgendwann möchte man auch in Ruhe gelassen sein.

> Zwar mag uns durchaus einsichtig sein, dass vieles in unserem Leben verbesserungswürdig ist und in der Tat auch besser gemacht werden könnte. Da ist vieles nicht so, wie es sein sollte. Sowohl in der Art zu leben wie in der Praxis unseres Glaubens und unserer Liebe. Vieles liegt im Argen und müsste eigentlich auch nicht so bleiben. Es läge mit etwas gutem Willen und einiger Anstrengung mehr drin, eine höhere Qualität des Lebens, bessere Nutzung von Talenten, fantasievollere Liebe.

Klare Einsichten! Aber die gute Erkenntnis von dem, was man sollte, liegt sehr oft im Kampf mit der eigenen Trägheit, dem Schwergewicht der eigenen Natur. Genauer noch: Es ist die Angst, Veränderungen könnten uns etwas kosten, verlangten Anstrengung. Dies ist durchaus berechtigt. Zu klar ist doch: Wo etwas zum Besseren gewandelt werden soll, geht es nicht ohne Anstrengung, und vor allem, es könnte wehtun. Es ist wohl diese Ahnung, die uns gegenüber Veränderungen widerspenstig macht.

Gott sein Werk tun lassen! Wie richtig und einsichtig dieser Gedanke ist, seine Realisierung stößt, wie gerade angedeutet, auf Widerstände. Unsere Erklärungen und Entschuldigungen laufen alle aufs Gleiche hinaus. Es sei wohl nicht nötig, sich um eines größeren Glückes willen quälen zu lassen; abgesehen davon, dass es sicherer und vorteilhafter ist, das Leben so anzunehmen, wie es eben ist. Wir haben uns ja mittlerweile auch ordentlich eingerichtet, sind fast auch zufrieden, haben uns zur Einsicht bequemt, dass das Leben halt durchschnittlich und mittelprächtig ist, eher etwas Halbes als etwas Ganzes, dass wir deshalb realistisch bleiben und gut beraten sind, uns mit diesen Fakten zu arrangieren. Wir folgen sogenannten vernünftigen Einsichten, halten uns selbst für Realisten, ja noch mehr, unsere Not mit dem halben Glück wird gar noch zu einer Tugend, wo wir uns für bescheiden und demütig halten und wir uns mit wenigem begnügen. Ohne zu Pessimisten zu werden, haben wir die Ansprüche an das Leben gesenkt, kommen mit zweitbesten Lösungen gut zurecht und wollen auch nicht gestört werden: Unbekehrt die Alten bleiben. Hauptsache: Man lässt uns in Ruhe, und wir müssen nicht leiden.

Und doch! Gegen alle so plausiblen, halbgläubigen Stimmungen erhebt sich eine große Gegenfrage: Ob das, was wir da vorgeben, wirklich das ist, was wir in der Tiefe unseres Herzens wollen: dieses mittelmäßige Glück, dieser halbe Friede mit zweit- und drittbesten Lösungen. Ist es wirklich ein guter und doch nicht eher ein fauler Friede, den wir da unter dem Druck der Gewohnheit eingegangen sind? Geschieht uns nicht gerade in unseren großen Augenblicken, dass wir von einem mächtigen Wunsch und Begehren gepackt werden, dass nämlich das Ganze doch besser würde, wir erneut einstimmen könnten in das kreative göttliche Wirken, wir uns davon formen und weiterbringen ließen? Einfach die Hoffnung, wir fänden mehr Lebendigkeit, Frieden und Freude am Leben. Es ist die Sehnsucht nach einem »Magis«. Wir werden dazu vom Evangelium nicht bloß eingeladen, sondern dringlich gemahnt : »Jede Rebe an mir, die keine Frucht bringt, entfernt er, und jede, die Frucht bringt, reinigt er, damit sie noch mehr Frucht bringt« (Joh 15,2).

Der Mensch ist also nicht fertig, er *ist* nicht, er *wird*. »Er ist eine Absicht, ein Entwurf, eine Hoffnung Gottes« (H. Sonderegger).

Wie nun dieses Schaffen Gottes, das ständig und kontinuierlich ist, in uns wirksam werden lassen? Wie es umsetzen, wie konkretisieren? Wie prägt es unser Beten?

Ist Gott derjenige, der aus Liebe sich um sein Geschöpf müht und sorgt, dann sind wir in unserem Beten eingeladen, uns ausdrücklich für dieses Wirken zu öffnen. Wir geben Gott freie Hand, bitten, dass er tue, was nach seinem Willen mit uns geschehen soll. Er möge in uns wirken, sodass wir es spüren, auch wenn es wehtun sollte.

Er forme unser Herz, beseitige alles, was in ihm hart ist, befreie uns von Selbstgenügsamkeit und Rechthaberei. Positiv gesagt: Gott möge unser Herz mit seiner Liebe ganz erfüllen, es großzügig und fantasievoll machen. Er stärke unseren Glauben, dass wir nicht aufhören, auf Winke des Himmels zu achten oder neue zu erbitten, wir weiterhin großmütig diesem göttlichen Wirken etwas zutrauen. Die Hand unseres Schöpfers ist erwartet, sie werde erfahrbar.

Gott, der in Liebe sich um uns müht, er vollende das Werk, das er begonnen hat. Dies ist die Bitte, mit der wir auf das stetige Wirken des Schöpfers antworten. Wir bitten Gott darum, uns liebenswert zu machen, nicht abzulassen, bis wir jenem Bilde gleichen, nach dem wir geschaffen sind.

Der heilige Irenäus formuliert diesen Gedanken in einer Ermahnung an den einzelnen Menschen:

> »Mensch, du bist ein Werk Gottes. Erwarte also die Hand deines Künstlers, die alles zur rechten Zeit macht. Bring ihm ein wei-

ches, williges Herz entgegen und bewahre die Gestalt, die der Künstler dir gab. Bleibe formbar, damit du nicht verhärtest und schließlich die Spur seiner Finger verlierst.

Wenn du den Abdruck seiner Finger in dir bewahrst, steigst du zur Vollkommenheit empor. Die Kunst Gottes gestaltet den Lehm, der du bist. Nachdem er dich aus dem Stoff geformt hat, wird er dich innen und außen mit reinem Gold und Silber schmücken. So schön wird er dich machen, dass am Ende er selbst nach dir verlangt.«[8]

V. WIR HABEN EINEN VATER – WERDEN WIR SEINE KINDER

»Wer das Reich Gottes nicht so annimmt wie ein Kind, wird nicht hineingelangen« (Lk 18,17).

Wir haben bedacht: Derjenige, der uns ins Leben gerufen und geschaffen hat, der an seinem Geschöpf seine Freude hat (vgl. Jes 61,10), ist ein Vater. Alles, was er geschaffen hat und am Leben erhält, umgibt und begleitet er mit seiner väterlichen Liebe seit Beginn und für alle Zeiten, treu und reuelos. Er behütet uns, führt uns weiter, jeden Einzelnen auf höchst persönliche Weise. Die Frage ist nun: Ist Gott ein solcher Vater, wie werden wir seine Kinder? Wie richtig auf solche väterliche Liebe antworten?

1. Ein Blick in eine Kinderstube

Wie gläubiges und kindliches Verhalten aussieht, das lernen wir in einem ersten Schritt dadurch, dass wir Kindern zuschauen. Ein Blick in ihre Stube, in ihren Garten ist erhellend. Da nehmen wir unmittelbar etwas von dieser einzigartigen Menschlichkeit wahr, die Kinder uns Erwachsenen beibringen und vermitteln. Wir sehen, wie sie spielen können, alles in einer naiven und selbstverständlichen Annahme, dass ihr Vater (wie natürlich auch – oder noch mehr – ihre Mutter) um sie weiß. Sie wissen sich von dieser Liebe umgeben und können deshalb ungestört spielen. Selbstvergessen, in unangefochtenem Vertrauen, ohne einen Schatten von Angst oder sonstigen Komplexen. So bleiben sie in ihrem Spiel inmitten eines unaufgeräumten Zimmers, bald quicklebendig, bald gelangweilt und müde. Alles ohne ein Gefühl, etwas tun oder leisten zu müssen. Sie sind glücklich, einfach so, mit ihren leeren Händen, betrachten es als ihr selbstverständliches Privileg, die Hände leer oder auch schmutzig zu haben, ohne sich dadurch minderwertig zu fühlen. Sie leben in einem runden Vertrauen, wissen sich darin in ihrem Recht, sind sich so sicher, dass ihr Vater dafür besorgt ist, nicht bloß, dass ihnen nichts fehlt, sondern dass sie darüber hinaus alles geschenkt bekommen, was ihr Glück mehren kann.

Dieser Blick in eine Kinderstube lässt uns schon ahnen, was es heißen soll, Kinder eines liebenden Vaters zu werden. Was wir da gesehen haben, das gilt in gleicher Weise auch für unser Vertrauen, das wir auf Gottes väterliche Liebe setzen. Was in Kinderzimmern gang und gäbe ist, das darf auch in »göttlichen Spielräumen« stattfinden. Nur noch in viel größerem Maße. Als solche, die von einem Vater-Gott geliebt sind, besitzen wir die gleichen Kinderrechte und Privilegien, dürfen so sorglos sein, wie es jedem Kind zusteht. Alles aus dem gleichen, fast selbstverständlichen Wissen, dass ein liebender Vater seinen Blick auf uns behält. Wir sind für ihn mehr wert als alle Kreatur, mehr als Lilien und Spatzen. Wir bleiben als seine Kinder in seiner Obhut, gleich ob wir unaufgelegt oder ungeordnet, ob wir umtriebig oder müde sind. So wie es beim Psalmisten heißt: »Wie ein Kind auf dem Schoß der Mutter, wie ein Kind, so ruht meine Seele in mir« (Ps 131,2). – Dieser erste Blick auf kindliches Vertrauen lässt uns schon ansatzhaft begreifen, was Jesus meint, wenn er sagt: »Wer das Reich Gottes nicht so annimmt wie ein Kind, wird nicht hineingelangen« (Lk 18,17).

> »Das Kind Gottes darf die ganze Unordnung vor Gott auslegen, darf es mit Freude tun. Die Unordnung ist seine Welt. Die peinlich musterhafte Ordnung, das scheinbar totale Chaos in einem Leben und einem Wohnbereich kann eine einzige Illusion sein … Ich habe noch kein Kind gesehen, das in seinem Zimmer immer eine musterhafte Ordnung gehalten hätte; je vitaler und geistig wacher das Kind, desto weniger überschaubar ist die Landschaft, auf die man in seiner Umgebung stößt. In den Stuben von Gelehrten, Künstlern und Weisen stößt man an ein ähnliches Phänomen – und fühlt sich außerordentlich wohl. Hier sind auf einmal unzählige Spuren des wirklichen Lebens, Spuren von Fragen und Leid, von Problemen und Rätseln, deren Lösung noch offen ist.«[9]

2. Geh vor mir her und sei ganz!

Etwas Zweites fällt auf, wenn wir Kindern zuschauen. Was sie tun und was sie an die Hand nehmen, tun sie ganz, mit Leib und Seele, in vollen Zügen, tun es so, als ob es rechts und links nichts anderes auf der Welt gäbe als gerade dies, ihr Spielzeug. Was bei ihnen dran ist, genießt ihre volle Aufmerksamkeit und gelingt ihnen auch. Sie bleiben völlig im Spiel versunken, denken weder an die Zeit, die vergeht, noch an den Ort, wo sie gerade sind. Was sie tun und was sie fühlen, das erfüllt sie ganz.

Diese Ganzheit kindlichen Tuns ist auch da angesprochen, wo Jesus von der Vollkommenheit redet, zu der wir als Kinder Gottes gelangen sollen. »Seid also vollkommen, wie euer himmlischer Vater vollkommen ist« (Mt 5,48). – Eine solche hochgesteckte Vorgabe scheint vorerst allem zu widersprechen, was wir bis jetzt von kindlichem Verhalten bedacht haben. Wie sollen wir zu solcher Vollkommenheit gelangen wie der Vater im Himmel? Wie und warum so etwas anstreben, wo wir als Kinder eines liebenden Vaters gerade das Recht haben, unvollkommen zu sein? Vielleicht möchten wir es schon, aber das Ziel überfordert uns, bleibt Illusion. Dies vor allem dann, wenn wir bedenken, wie solche Vollkommenheit im konkreten Verhalten aussieht und was dazugehört. Vollkommen gerecht in jeder Hinsicht, untadelig im Maßhalten, tapfer im Leben und Sterben. Das und viel anderes ist doch schlechthinnige Überforderung, ein Ding der Unmöglichkeit für uns durchschnittliche Menschen.

Jedoch: Das, was im Wort »Vollkommenheit« uns überfordert, verschwindet gleich, wenn wir bedenken, woher das Wort kommt und wo seine Wurzeln liegen. Im Munde Jesu schwingt der jüdische Hintergrund des Wortes mit. Nicht das also, woran wir im gewohnten Wortgebrauch denken, nicht, was uns tugendhaft, wohlerzogen und brav macht, es meint nicht ein ethisches Verhalten, sondern vielmehr einen kindlichen Charakterzug. Nichts anderes als die Fähigkeit, ganz und ohne Einschränkung vertrauen zu können, total, mit Leib und Seele. »Vollkommen« heißt in diesem Zusammenhang: Ganzsein. »Zur Vollkommenheit« – so steht es im exegetischen Kommentar von Luz – »gehören zwei Momente: Die Ungeteiltheit des Herzens und die Ganzheitlichkeit des Gehorsams«[10].

Ungeteiltheit des Herzens! So sieht gläubig-kindliches Verhalten aus. Aus solchem Vertrauen ergibt sich, vorerst rein menschlich gesehen, eine seelische Integrität. Es ist die Grundlage dafür, dass das Leben, unser Denken und Handeln, eine Mitte bekommt, so wie es im Wort von Jahwe an Abraham zum Ausdruck kommt: »Ich bin Gott, der Allmächtige. Geh einher vor meinem Antlitz und werde ganz« (Gen 17,1).

Um auf die anfängliche Frage, wie das Vollkommenheitsideal, von dem Jesus spricht, mit menschlichen Fehlern und Halbheiten zu verbinden sei, zurückzukommen: Wir können unser Vertrauen auf Gott ohne Abstriche, ebenso wie es Kindern eigen ist, leben und wissen gleichzeitig nur zu gut, wie Ängste und Fehler uns zu schaffen machen. Wir bleiben auch in unserem gläubigen Verhalten arme und bedürftige Wesen und dürfen dennoch – und gerade so! – alles von Gott erwarten. Denn Gott, der dahin wirkt, dass wir ihm und seinem Bilde ähnlich werden, liebt uns nicht wegen unserer Fehlerlosigkeit, nicht deshalb, weil wir nette und tugendhafte Kinder sind, auch wenn er daran gewiss seine Freude hat. Nicht Vollkommenheit ist Grund der göttlichen Liebe, sondern weil wir seine Kinder sind, die er geschaffen hat.

Knapp auf den Begriff gebracht: Zuerst kommt das Sein, dann das Sollen, zuerst die Anrede, dann die Antwort. Ganz grundsätzlich ist uns das Leben von Gott geschenkt, ein Raum, in dem wir vor und mit ihm sein dürfen. Durch diesen Raum spricht Gott uns an. Das gilt es anzunehmen und zu verinnerlichen, bevor wir antworten oder etwas tun sollen. Natürlich ist unsere gläubige

Antwort wichtig, sie wird auch erwartet, doch den ersten Schritt, das Leben in diesem Raum unvordenklicher Annahme anzunehmen, dürfen wir nicht überspringen. Ganz so, wie es der Psalm beschreibt: »Du hast mir geholfen in meiner Bedrängnis« (Ps 4,2).

3. Gott als Kind

Was heißt es, Kind eines himmlischen Vaters zu werden? Sich gleicher Sorglosigkeit und eines vollen Vertrauens erfreuen? – Angedeutet ist es schon: Wo ein Vater seine Kinder liebt, da kümmert er sich um sie, weiß, was sie brauchen, gibt ihnen alles Nötige. Sie bekommen Zeit zum Spielen, haben das Privileg und das Recht, ganz in der Sorge ihres Vaters zu leben.

Dies alles gilt in übergroßem Maße da, wo wir uns als Kinder Gottes wissen. Überdeutlich kann uns dies dort werden, wo wir bedenken, dass Gott in seinem Sohn Jesus Christus selbst Kind geworden ist. Er ist Mensch geworden, stieg herab zu uns, wollte alles durchleben, was zu einem menschlichen Leben gehört, auch das Glück einer Kindheit. Dies bis heute.

Jedes Kind, so weiß es Tagore, »bringt die Botschaft mit sich, dass Gott die Menschen noch nicht aufgegeben hat«. Was für jedes Kind gilt, wird in höchstem Sinne wahr und real im Kinde Jesu. In ihm ist nicht bloß ein Hinweis auf diese Frohe Botschaft, sondern er ist die Botschaft. Wir bekommen zu sehen und zu hören, wer Gott ist, wie unser Schöpfer und Vater, der »über dem Erdkreis thront« (Jes 40,22), herabsteigt zu uns, auf Augenhöhe, ja noch mehr, noch tiefer. Er wird Kind, liegt in einer Krippe, schaut zu uns herauf. Er, der uns geschaffen hat, nur wenig geringer als er selbst (vgl. Ps 8,6), macht sich kleiner als wir Erwachsene. Aus diesem niedrigen Stand, aus einer Krippe, streckt er uns seine Arme entgegen. Ein Kind ist uns geboren, erschienen ist

»die Güte und Menschenfreundlichkeit Gottes, unseres Retters« (Tit 3,4).

In der Tat: Gott ist in Jesus ein Kind geworden, um uns zu sagen, was es heißt, einen Vater zu haben. Als Kind will er uns die Zugänge zu seinem Vater öffnen. Das ist Macht und Autorität eines Kindes. Wo ein Kind uns seine Arme entgegenstreckt, bewegt es uns, lässt es uns nicht ungerührt, es löst unsere eigene Selbstumarmung, holt uns heraus aus Misstrauen, Reserven und Abwehr. Wer könnte da, wo ein Kind ihm zulächelt, ihm in die Arme läuft, ungerührt bleiben? Wer wird, wo ihm solches geschieht, nicht selbst Freude am eigenen Leben finden?[11]

Deshalb sollen die Exerzitanten »den Ort oder die Höhle der Geburt betrachten … die Personen sehen, Maria und Josef und das Kind Jesus, nachdem es geboren ist; ich mache mich dabei zu einem kleinen Armen und einem unwürdigen Knechtlein, indem ich sie anschaue … mit aller nur möglichen Ehrerbietung und Ehrfurcht« (EB 113–114).

Es mag zu diesen erwähnten Ehrerbietungen gehören, dass die betenden Exerzitanten vor der Krippe Liebe und Vertrauen zum Kinde Jesus gewinnen. Sie fühlen sich zu ihm hingezogen! Wo kindliches Vertrauen ihnen entgegenkommt, da gewinnen sie selbst Mut und möchten in gleicher Weise antworten. Vielleicht ist es erst im Gebet zu erreichen, dass wir Jesus nicht bloß folgen und ihm dienen, sondern ihn, eben wie ein Kind die Eltern gernhat, lieben. So wie es im Weihnachtslied heißt: »O Kindelein, von Herzen dich will ich lieben sehr, in Freuden und in Schmerzen, je länger mehr und mehr.«

Wo die Gedanken zusammenlaufen? Es geht in den Anfängen von Exerzitien hauptsächlich um zwei Dinge.

Die ersten Schritte, die im Gebet gemacht werden, sollen dem Exerzitanten helfen, sich zu vergewissern, welchen Boden er betritt. Welches ist der Gott, auf den er sein Vertrauen setzt? Es sind, vorerst negativ gesagt, nicht anonyme oder gar feindliche Mächte, denen er sich aussetzt, noch viel weniger ein Gott, der als Erstes mit moralischen Forderungen auf ihn zukommt. Vielmehr geht er einem Gott entgegen, in dessen Gegenwart er großen Raum spürt, in dem er sein darf mit allem, was zu ihm gehört, als Geschöpf, als Freund, als Kind. Ja noch mehr: Er darf erspüren, wie dieser Gott, sein Schöpfer und Vater, ihm entgegenkommt, bevor er sich aufmacht und ihn zu suchen beginnt.

Im Gebet klärt sich das Bild von Gott. Dies ist insofern von Bedeutung, als erst ein richtiges Gottesbild es möglich macht, auch vom Menschen, seiner Geschichte und der Natur richtig zu denken. Mit einem falschen Bild von Gott bleibt es immer schwer, des eigenen Lebens froh zu werden. Denken wir von dem, der uns geschaffen hat, verkehrt, tun wir es auch von seinem Geschöpf, von uns selbst.

Ein Zweites ist für die Anfänge von Exerzitien wichtig. Sie seien, wie wir bedacht haben, eine Neuordnung des Lebens. So etwas anzugehen setzt voraus, dass sich im eigenen Leben ein Wunsch, eine Sehnsucht, vielleicht gar eine Notwendigkeit dafür abzeichnet. Sei es ein Leidensdruck, eine äußere oder innere Veränderung des Lebens, einfachhin eine Hoffnung, aus dem Leben mehr zu machen, als bis anhin möglich war. Ingeborg Bachmann schrieb einmal: »In allem ist etwas zu wenig.« Vielleicht lässt sich dieses tiefsinnige Wort umkehren oder ergänzen: »In allem ist etwas mehr« (P. Dominik Terstriep SJ). Ja, es gibt diese berechtigte Sehnsucht nach mehr Leben, nach größerer Fülle, nach Vitalität und geistlicher Spannkraft. In den Exerzitien kommt diese Sehnsucht zu ihrem Recht und findet dort, wo diese gelingen, ihre Erfüllung. In ihnen geschieht ja nicht weniger, als dass Menschen sich auf einen Gott einlassen, der mit schöpferischer Initiative auf sie zukommt, der für den Einzelnen mehr und Größeres im Sinne hat.

VI. AUF JESUS ZUGEHEN

Wer sich auf Exerzitien einlässt, wird angewiesen, über seine geschöpfliche Bestimmung nachzudenken, im Gebet darüber Klarheit zu finden. Er hofft darauf, zu erfahren, was Gottes Wille für sein Leben ist und wie dieser erfüllt werden kann.

Immer erwacht bei solchem Beten die Frage, wer denn dieser Gott sei, wo sein Gesicht zu suchen und zu finden ist. Welches sind die Wege, die zu ihm führen?

Wo wir wissen möchten, wer dieser Gott ist, werden wir an die Person Jesu verwiesen. Im Kontakt mit ihm können wir erfahren, wer wir sind, was unser Leben soll und wohin der Wille Gottes weist. Er, der »an der Brust des Vaters ruht, er hat Kunde gebracht« (Joh 1,18). Er weiß von innen her, wer der Vater ist. Jesus wird uns davon mitteilen und uns weitersagen, was er von ihm bekommen hat. So wird uns das Geheimnis Gottes und unseres Lebens eröffnet und geoffenbart.

Es geht also im Fortgang der Exerzitien darum, mit dem Leben Jesu, seiner Denk- und Handlungsweise in Kontakt zu kommen, einzutreten in seine Lebenswelt, in seine Gesinnung, und damit vertraut zu werden. Wir wenden uns an ihn, begegnen seiner Liebe, werden auf- und mitgenommen. Das Ja Gottes, das uns vom ersten Schöpfungstag an zugesprochen wurde, wird in der Person Jesu laut und vernehmbar. Es klingt deutlich in unseren Ohren: Du bist ein unendlich geliebtes Geschöpf; du darfst und sollst sein. Werde, was du von Gott her schon bist!

Jesus offenbart sich dadurch, dass er uns mit auf seinen Weg nimmt. Er ist nicht einfach ein Jemand, der uns aus der Ferne zuzwinkert, nicht eine Orientierungshilfe oder ein Ratgeber, sondern der Weg selbst, auf den er uns mitnimmt und sich dabei offenbart (vgl. Joh 14,6). Wo wir sein Leben betrachten, es im Gebet erwägen, da sammelt sich Licht in uns, werden Antworten hörbar. Wir werden in der Gesinnung Jesus ähnlich, bekommen teil an seinem Wesen und seiner Gestalt (vgl. Röm 8,29).

1. Freundschaftlich an ruhigen Orten

Eine Episode im Leben Jesu drückt gut aus, wie erste Kontakte aussehen, wie Jesus Menschen einlädt, ihm zu folgen und ihn kennenzulernen. Es handelt sich um eine Initiative Jesu zu stillen, gemeinsamen Tagen.

»Die Apostel kamen wieder bei Jesus zusammen und berichteten ihm alles, was sie getan und was sie gelehrt hatten. Da sagte er zu ihnen: Kommt mit, ihr allein, an einen einsamen Ort und ruht ein wenig aus. Denn es waren viele, die da kamen und gingen, dass sie nicht einmal Zeit zum Essen hatten. So fuhren sie mit einem Boot an einen einsamen Ort, um allein zu sein« (Mk 6,30–32).

Eine Initiative zu stillen Tagen! Welch einfühlender Vorschlag, welch menschliche Geste! »Kommt mit an einen einsamen Ort!« Was Jesus dazu bewegt, geht klar aus dem Text hervor. Es ist Müdigkeit und Erschöpfung. Die Apostel kommen von ihrem Arbeiten und Missionieren zurück, treffen wiederum eine Masse von Menschen, die sich um Jesus versammelt hat. Erfolg und die vielen Menschen haben alle ermüdet, auch Jesus. Er war als Mensch nicht gesichert gegen leibliche und seelische Mühsal und Überforderung. Ja, wir wissen sogar, dass er in solch anstrengenden Situationen nervös und ungeduldig werden konnte. Es waren nicht nur immer leibliche Müdigkeiten, die ihn an seine Grenzen brachten. Sehr oft war es die Unbelehrbarkeit der Menschen, die nicht auf seine Worte hörten und glaubten. Wie ein verzweifelter Seufzer tönt es: »Wie lang muss ich noch bei euch sein? Wie lang noch euch ertragen?« (Mk 9,19).[12]

Auf diese Weise, so fragen wir uns, soll sich Gott in der Person Jesu zeigen? In der Tat zeigt sich darin ein christliches Paradox. Gerade in diesen menschlichen Erfahrungen, in der unmittelbaren Begegnung mit Grenzen und Konflikten, strahlt etwas von Jesu Göttlichkeit hervor. Bei Thomas von Aquin ist klar zu lesen: »Mag auch durch Christi körperliche Schwachheiten seine Gottheit verborgen sein, so wurde doch seine Menschheit offenbar; diese ist der Weg, um zur Gottheit zu gelangen« (S. Th. III 14,1 ad 4). – Je mehr deshalb die Apostel mit Jesus zusammen waren und auch seine menschlichen Grenzen erfuhren, desto mehr ging ihnen auf: Jesus ist in seiner Menschlichkeit mehr als nur ein Mensch. Er ist ein Wesen aus Fleisch und Blut, in dem seine göttliche Kraft durchdringt und sichtbar wird. Das Göttliche in ihm blüht in seiner Menschlichkeit auf. Deshalb: Der Weg zu Gott führt über die Menschheit Jesu.

2. Zweckfreie Zeit für Freundschaft

Die Initiative Jesu für eine Unterbrechung, Pause zu machen, verrät eine klare Absicht. »Kommt mit!«, d. h. kommt mit mir. Gedacht sind offensichtlich stille Zeiten, eventuell ganze Tage mit ihm, ihrem Herrn und Meister. Die Apostel bekommen nicht einfach frei, werden nicht für gewisse Zeit in die Ferien entlassen, so als ob ihnen gesagt würde: »Geht und ruht euch ein wenig aus bei

Spaziergängen auf den Golanhöhen, mit Schwimmen im See, bei Freunden und Verwandten. In 14 Tagen treffen wir uns wieder.« Nein: Kommt mit mir. Hier stellt sich die Frage: Warum dies? Was steht hinter diesem »mit mir«?

Offensichtlich ging es Jesus nicht bloß darum, sich mit seinen Aposteln zu erholen. Darüber hinaus mag der Wunsch in ihm lebendig geworden sein, mit seinen Aposteln, sagen wir es ganz einfach, in ein persönliches Gespräch zu kommen. Nicht nur, wie es der Zufall ermöglicht, so nebenbei, sondern gewünscht und gewollt. Was könnte denn einsichtiger und verständlicher sein als ein solcher Wunsch? Nichts doch, was menschlich ist, bleibt Jesus fremd. Er, der Mensch geworden ist, lebt und kennt von innen alles, was dazugehört (außer der Sünde), auch den Wunsch nach freundschaftlichem Zusammensein. Er sucht zweckfreie Zeit, in der es nicht darum geht, organisatorische Fragen zu regeln, sondern einfach darum, wie die Einzelnen bei allem Predigen und Heilen Jesus erfahren haben. Es ist die Zeit zu einem persönlichen Austausch, zu einem Aug in Aug unter Freunden.

Wo solche Zeit geschenkt ist, da verändern sich für gewöhnlich Inhalt und Atmosphäre von Gesprächen. Es gibt Raum für Fragen, die im alltäglichen Getriebe umgangen oder verdrängt werden. Da können die Ängste vor kritischen Themen kleiner werden. Vor allem aber wachsen die Wünsche, einander besser kennenzulernen und näherzukommen. Hier, in diesem Falle, wo Jesus mit seinen Aposteln im Abseits sich aufhält, da mögen die Jünger hoffen, besser verstehen zu können, mit wem sie es mit der Person Jesus wirklich zu tun haben. Ähnliches aber gilt auch für Jesus selber: Wer ist er in den Augen der Apostel?

»Unterwegs fragte er seine Jünger: Für wen halten mich die Leute? Sie antworteten ihm: Für Johannes den Täufer, andere für Elija, wieder andere für sonst einen der Propheten. Da fragte er sie: Ihr aber, für wen haltet ihr mich? Petrus antwortete ihm: Du bist der Messias!« (Mk 8,27–29).

Persönliche Gespräche im Abseits. Was ist menschlicher als der Wunsch Jesu, sich den Aposteln wirklich zu offenbaren? Dies vor allem, damit die Freundschaft, in die er sie schon gezogen hat, deutlich und offenbar werde, dass sie erfahren, wie er sie liebt und was sie für ihn bedeuten. Nicht zuerst Mitarbeiter, nicht Knechte oder gar Sklaven, sondern Freunde. Sie, die sich mit ihm mühen und sich ausruhen, sollen in ihren Herzen begreifen, dass sie in einem nicht ausdenkbaren Maße von Jesus persönlich angesprochen, gesucht und gerufen sind. Sie dürfen sich seiner Treue und unbedingten Liebe sicher sein. All dies schwingt im folgenden zentralen Wort im Johannesevangelium mit: »Ich nenne euch nicht mehr Knechte; denn der Knecht weiß nicht, was sein Herr tut. Euch habe ich Freunde genannt, weil ich euch alles mitgeteilt habe, was ich von meinem Vater gehört habe« (Joh 15,15).

Das Innigste, was Jesus von seinem Vater bekommen hat, besteht in seiner Mission, aller Welt bekannt zu machen, wer dieser Vater, der Schöpfer aller Dinge, ist, wie er zum einzelnen Geschöpf redet. Er tut dies wie ein Mensch zum Menschen, »wie ein Mann zu seinem Freund« (Martin Luther). Dies soll jedem Menschen, der Jesus begegnet, deutlich werden, so wie es in einem Satz des Zweiten Vatikanischen Konzils deutlich formuliert ist: Der unsichtbare Gott redet aus überströmender Liebe die Menschen wie Freunde an und verkehrt mit ihnen, um sie in seine Gemeinschaft einzuladen und aufzunehmen (vgl. Dei Verbum 2).

3. Rekreative Gegenwart Jesu

Schon ist deutlich geworden, wie Jesus als Mensch und als Freund sich seinen Aposteln offenbart. Nicht ausgeschlossen ist, dass die Apostel in dieser ruhigen Zeit mit ihrem Meister und Herrn bereits realisiert haben, dass Jesus mehr ist als ein Mensch. Petrus hat es stellvertretend für die Gruppe gesagt: »Du bist der Messias!« Die Apostel werden erkannt haben, welch große Kraft von Jesus auf sie übergeht. Seine Gegenwart war wohltuend für Leib und Seele. Sie erfreuten sich in seiner Nähe nicht nur eines angenehmen und freundschaftlichen Wohlwollens, sondern bekamen etwas von seiner messianischen Kraft zu spüren. Ein mächtiger Geist, der nicht nur Erholung von leiblicher Müdigkeit schenkte, sondern Geist und Sinn. Das Ganze des menschlichen Daseins wird wieder lebendig. Jesus offenbart sich als eine im wörtlichen Sinn neu schaffende, »rekreative« Person, die alles, was zum Menschsein gehört, anspricht und aufbaut. Durch ihn wird Leib und Seele erneuert, wie es in einem schönen Kirchengebet zusammengefasst ist: »Wunderbar hast du uns geschaffen *(creavit mirabiliter)* und noch wunderbarer erneuert *(recreavit mirabilius)*.«

All das zu bedenken werden die Exerzitanten eingeladen. Was in dieser Initiative Jesu aufgezeichnet ist, gilt auch und in besonderem Maße für sie alle. Sie mögen bedenken, wie sie zu denen gehören, an welche die Einladung zu stillen Tagen ergeht. Zu einer Zeit, wo sie sich in der Gegenwart Jesu erholen können: Kommt und seht! Es ist ein unverdientes Glück, mitgehen zu dürfen und dabei in den Freundeskreis Jesu aufgenommen zu werden. Dies allein schon dadurch, dass ihnen in der Gegenwart Jesu klarer wird, was alles an falschen Sorgen sie bis jetzt ermüdet hat. Worte von Jesu selber können in ihnen zu klingen beginnen: »Darum sage ich euch: Sorgt euch nicht um euer Leben, was ihr essen werdet, noch um eueren Leib, was ihr anziehen werdet. Ist nicht das Leben wichtiger als die Nahrung und der Leib wichtiger als das Kleid? … Wer aber von euch kann mit seinen Sorgen seiner Lebenslänge eine einzige Elle hinzufügen? … Euer himmlischer Vater weiß ja, dass ihr das alles braucht« (Mt 6,25.27.32).

VII. EINGELADEN ZUM MITGEHEN

»Halte die Sehnsucht wach. Hoffe nicht zu wenig und folge mir.«

Ein erster Kontakt mit der Person Jesu ist gegeben; wo wir uns auf den Weg der Exerzitien begeben, da nähern wir uns ganz wie von selbst der Person Jesu, suchen seine Freundschaft, möchten ihn immer besser kennenlernen. Parallel dazu wächst gleichzeitig der Wunsch, uns über die eigenen Lebensziele klar zu werden. Wir möchten zu wissen bekommen, was das Leben soll und wohin es führt. Wie geschieht das?

1. Mit einer Frage beginnt's

Dazu gibt es als biblische Grundlage eine kleine Berufungsgeschichte aus dem Johannesevangelium:

> »Am folgenden Tag stand Johannes wieder da mit zwei von seinen Jüngern, richtete seinen Blick auf den vorübergehenden Jesus und sagte: Seht das Lamm Gottes! Die beiden Jünger hörten, was er sagte, und folgten Jesus. Jesus wandte sich um, und als er sie nachkommen sah, fragte er sie: Was sucht ihr? Sie aber sagten zu ihm: Rabbi – das heißt übersetzt: Meister –, wo wohnst du? Er antwortete ihnen: Kommt und seht! Sie gingen also mit und sahen, wo er wohnte, und blieben jenen Tag bei ihm; es war ungefähr die zehnte Stunde« (Joh 1,35–39).

Dieser kleine Text berichtet von einer ersten Begegnung zwischen zwei Jüngern und Jesus. Alles scheint hier unbeabsichtigt und zufällig zu sein. Schon die Bemerkung: »Als Jesus vorüberging«, lässt etwas von der Zufälligkeit dieser Begegnung erahnen. Da ist nichts groß geplant, nur grad der Hinweis von Johannes dem Täufer: »Seht das Lamm Gottes.« Dies genügt, um zwei Männer auf einen Weg zu schicken, der sie weiterführt und die Richtung ihres Lebens verändert. So kreuzen sich zwei Wege, wie es sich ergibt. Zufällig und doch lebensentscheidend.

Nicht in gleichem Maße zufällig ist hingegen die Tatsache, dass das erste Wort, das der Evangelist Jesus in den Mund legt, eine Frage ist: »Was sucht ihr?« Damit beginnt das Gespräch, das Jesus initiiert und sucht. Ermes Ronchi, der ein ganzes Buch den »nackten Fragen des Evangeliums« widmet, sieht darin weit mehr als einen Zufall, mehr auch als eine Eigenart des schreibenden Evangelisten. Für ihn schwingt in dieser Tatsache etwas von der grundsätzlichen Sendung Jesu, von seiner Pädagogik mit. Es ist

Hochachtung, ausgesprochener Respekt und Takt, mit dem Jesus auf Menschen zugeht. Das Gespräch, das er sucht, beginnt beim Gegenüber: »Was sucht ihr?« Das ist Einladung, nicht Forderung, ist Hinweis zu sagen, was sie möchten und wo ihre Wünsche liegen. Sie werden mit dem, was sie vordergründig suchen, in die Lebensgemeinschaft mit Jesus hineingenommen.[13]

Das Gespräch beginnt mit einer Frage. Es wird Raum gegeben, damit die Jünger zu Wort kommen können. Was aber ist mit der Frage näherhin gemeint? Welches ist der Inhalt der erwarteten Antwort?

2. Wie Hoffnung geklärt wird

Was sucht ihr? Vordergründig könnte man meinen, die Frage hätte vorerst gar keine inhaltliche Absicht, sie diene einfach dazu, ein Gespräch zu eröffnen, sei mehr zufällig dahergesprochen ohne weitere Absicht. So wie es im alltäglichen Leben zwischen Personen vorkommt, die sich zwar noch nicht kennen, aber aneinander interessiert sind. Wer fragt, gewinnt schnell Kontakt.

Aber die Frage zielt, wenn wir es näher bedenken, auf eine weit tiefere Ebene. Sie ist nicht nur eine höfliche Floskel, vielmehr möchte sie, wie schon angedeutet, Raum und Voraussetzung für ein Gespräch schaffen, in dem all das Suchen und Hoffen, das in den beiden Jüngern lebendig ist, geklärt werden kann. Es soll deutlich werden, was sie im Innersten ihrer Herzen wirklich wünschen und wonach sie streben. Genauer noch gesagt: »Was sucht ihr?«, das heißt: Welches sind die Hoffnungen, die euch hinter Jesus hergehen lassen? Was sucht ihr bei ihm?[14]

Keine leichte Frage! Die erste Antwort liegt in der Gegenfrage, mit der die beiden Jünger antworten: »Wo wohnst du?« So zufällig auch hier die Frage scheint, sie ist etwas anderes als bloße Verlegenheit oder oberflächliches Anknüpfen. Es ist nämlich nicht nach einem geografischen Ort gefragt, etwa nach Nazareth oder Jerusalem. Wo wohnst du? Das bedeutet näher gesehen: Wo ist dein geistiges Zuhause, dein Ursprung, deine Herkunft? Anders und direkter gesagt: Kommst du von Gott? Bist du der Messias?

> Diese Erklärung ist naheliegend und verständlich. Die beiden Jünger nämlich kommen aus dem Kreis Johannes des Täufers. Dort war immer wieder das Kommen des Messias diskutiert worden. Allgemeines Interesse daran, ob der Messias schon gekommen sei, ob Johannes vielleicht selbst es ist. So herrschte eine gängige Vermutung: Bist du es, oder müssen wir auf einen anderen warten?

Verständlich also ist, dass die beiden Jünger sich darüber vergewissern wollen, hinter wem sie gehen und auf wen sie ihr Vertrauen setzen. Sie sind nämlich gerade dabei, sich aus der Gruppe des Johannes zu lösen, suchen aber nicht bloß irgendwo Anschluss, sondern möchten klar wissen, ob ihre Hoffnung darauf, hier den Messias gefunden zu haben, zu Recht besteht.

Dies also ist auch just die Frage, bei der die Exerzitanten Halt machen. Sie werden eingeladen zu bedenken, was sie mit den Schritten hinter Jesus her erhoffen. Sie wissen es vielleicht selbst auch nur vage oder überhaupt nicht. Aber in dem Maße, wie sie hinter Jesus gehen und um Einsicht bitten, wird diese ihnen geschenkt. Allmählich wird ihnen klar, was sie suchen. Ihre Hoffnungen werden gereinigt und geklärt, aber auch vergrößert und geweitet. In den Schritten mit Jesus, in den gemeinsamen Stunden, mag ihnen aufgehen, zu welch großer Hoffnung sie berufen sind. Was sie hier nur erst ahnen, wird ihnen später bei der Auferstehung Jesu klar werden. Zu Großem sind sie berufen. Sie mögen bei dieser Gelegenheit den Rat des heiligen Ignatius begreifen, der für den Beginn der Exerzitien, aber auch für den ganzen Fortgang dazu rät, »mit großmütigem Herzen und großer Freigiebigkeit« (*con grande animo e liberalidad*) die Exerzitien zu beginnen. Es heißt dies, sich mit dem eigenen Herzen für Großes öffnen und sich danach ausstrecken. Wir sind in ständiger Gefahr, von Gottes Plänen zu klein zu denken, von ihm, »der durch seine Kraft, die in uns wirksam ist, unendlich mehr zu tun vermag, als wir erbitten oder erdenken« (Eph 3,20).

3. Schritte, nicht Sprünge

Um zum Text zurückzukehren: Die beiden Jünger sind durch die Frage, was sie denn suchen, zunächst überfordert. Sie sind sprachlos, wissen nicht, wie und was darauf antworten. Auf ihre Gegenfrage, wo Jesus denn wohne, bekommen sie keine direkte Antwort. Stattdessen werden sie zum Mitgehen eingeladen: Kommt und seht! Eine freundliche Aufforderung, mit der sie präzise dort angesprochen werden, wo sie gerade sind, bei ihrem Wunsch, sich zu vergewissern, ob sie hinter der richtigen Person einhergehen, bei ihrer Neugierde, ob Jesus der Messias sei.

Was in diesem so menschlichen und klugen Wort alles mitklingt! Mit Recht wird das Wort auch übersetzt mit »Kommt und ihr werdet sehen!« Damit wird deutlich gemacht, dass Schritte, die man tut, einen Zuwachs an Erkenntnis mit sich bringen. Sie lassen mehr sehen, geben einen besseren Überblick. Dies gilt für jede Art von Gehen, egal ob man begleitet ist oder nicht. Immer bekommt man beim Gehen etwas zu sehen, was man noch nicht kennt. Wer also wissen will, was ihn hinter der nächsten Kurve erwartet, muss aufbrechen, muss Schritte in eigener Verantwortung tun. Hier, wo er steht, wird für ihn nichts klarer. Hinter der Kurve sieht er weiter, sieht vielleicht sogar das Ziel, das er anstrebt.

Dieser Zuwachs an Erkenntnis, die jedem Gehen innewohnt, ist in einem sehr großen Ausmaß diesen Schritten verheißen, die die beiden Jünger mit Jesus gehen. Der gemeinsame Weg mit ihm lässt ihre Einsicht wachsen. Sie bekommen Gelegenheit, Jesus beim Gehen kennenzulernen, dürfen sich umsehen, wo er wohnt, atmen etwas von der Atmosphäre dieser Person. Sie werden Zeugen von seiner menschlichen Authentizität, aber auch von seinem Glauben und seiner Liebe. Sie hören, was er redet, sind dabei, wo er betet. In solch menschlicher und unmittelbarer Umgebung geht ihnen auf, dass er es ist, den sie suchen, der Messias.

Mit dieser Einladung »Kommt und seht!« folgt Jesus der Gewohnheit und Pädagogik, die Rabbiner anwenden, wenn sie ihre Gruppen bilden. Immer geht es dabei darum, geistige und leibliche Nähe zuzulassen, um gegenseitiges Kennenlernen im Alltag. Sie können sehen, »wie der Rabbi die Sandalen bindet und wie er die Schleife löst«. In den unscheinbaren Gesten, die zeigen, wie jemand mit den Dingen und Geschöpfen umgeht, wird auch das Innerste der Person deutlich.[15]

So verbringen die beiden Jünger einen Tag mit Jesus, der für sie unvergesslich bleiben soll. So kurz diese Stunden waren, sie haben gereicht, um in der Person Jesu den zu erkennen, den sie suchen. Nicht ohne Grund wurden sie deshalb mit großer Freude erfüllt. Der Text selbst atmet etwas von diesem Enthusiasmus einer ersten Begegnung, vom Zauber eines Anfangs. Alles, auch kleinste Details, bleiben in bester Erinnerung: »Es war ungefähr die zehnte Stunde« (Joh 1,39). – Was diese beiden Jünger erlebten, war zu viel, als dass sie es für sich behalten konnten. Sie mussten es weitersagen, vorerst natürlich den Freunden und Verwandten, allen, die ihnen begegneten.

VIII. JESUS BEGEGNEN – EIN WAGNIS

»Herr, wenn du es bist, so befiehl, dass ich auf dem Wasser zu dir komme.« (Mt 14,28)

Wir sind Jesus auf dem Exerzitienweg an einen einsamen Ort gefolgt, haben uns von ihm fragen lassen, was wir zuinnerst suchen, sind mit ihm weitergegangen, um ihn besser kennenzulernen. Ja, er ist es, den wir suchen, der unsere Sehnsucht und unsere Fragen aufnimmt, sie auf Gott hin lenkt. Vielleicht haben wir diesen Enthusiasmus der ersten Stunde schon einmal erlebt, die Gnade des Anfangs und der ersten Liebe, an den wir uns bis ins kleinste

Detail hinein erinnern. Doch nicht selten geschieht es, dass nach einem so freudigen Beginn kritische Fragen und Zweifel wach werden, Müdigkeit sich einstellt. Kaum haben wir die Wohnung Jesu verlassen und die Eindrücke der ersten Begeisterung sind verflogen, kaum sind wir wieder mehr bei uns und weniger bei ihm, da können wir ins Grübeln geraten: Ist es wirklich das, was wir begehren und was wir tun wollen? Ist Jesus mit seiner Botschaft die Antwort, die unseren Wünschen entspricht? Wir möchten dies gerne annehmen, möchten glauben! Wird es gehen? Reichen die Kräfte, um auf dem eingeschlagenen Weg weiterzugehen?

1. Auf dem Wasser gehen

Eine solche Situation existenziellen Glaubens und Zweifelns ist uns im Matthäusevangelium geschildert. Eine Begegnung in unruhiger Nacht. Nach einem intensiven Tag mit Hunderten von Menschen, die Jesus zugehört hatten und die er gespeist hatte, schickte er die vielen weg. Nicht nur sie, auch die Jünger. Er möchte alleine sein, um zu beten und zu danken. Die Jünger werden aufgefordert, schon einmal im Boot über den See vorauszufahren, er würde dann nachkommen. Der See war unruhig, und das Boot mit den Jüngern wurde mitten in der Nacht von den Wellen hin- und hergeworfen; sie waren schon weit vom Ufer entfernt und hatten Gegenwind. Dann schreibt der Evangelist:

> »Um die vierte Nachtwache kam er auf sie zu; er ging auf dem See. Als ihn die Jünger über den See kommen sahen, entsetzten sie sich, weil sie meinten, es sei ein Gespenst, und sie schrien vor Angst auf. Er aber redete sie sogleich an und sagte: Habt Vertrauen, ich bin es. Fürchtet euch nicht! Da antwortete ihm Petrus: Herr, wenn du es bist, so befiehl, dass ich auf dem Wasser

> zu dir komme. Er sagte: Komm! Da stieg Petrus aus dem Boot und ging über dem Wasser auf Jesus zu. Als er aber den Wind bemerkte, fürchtete er sich und begann zu sinken. Er schrie: Herr, rette mich! Sogleich streckte Jesus die Hand aus, ergriff ihn und sagte zu ihm: Du Kleingläubiger, warum hast du gezweifelt? Und als sie ins Boot gestiegen waren, legte sich der Wind. Die Jünger im Boot aber fielen vor ihm nieder und sagten: Wahrhaftig, du bist Gottes Sohn« (Mt 14,25–33).

Bei der gehörten Geschichte fällt vorerst auf, dass bei dieser Fahrt über den See Genezareth Jesus nicht mitgeht. Entgegen sonstiger Gewohnheit. Die Apostel werden geheißen, einfach loszufahren. Sie sind sich allein überlassen.[16]

Ein zentraler Gedanke in der Geschichte liegt in der Bitte des Petrus: »Herr, wenn du es bist, so befiehl, dass ich auf dem Wasser zu dir komme.« – Um gut zu verstehen, was in dieser spontanen Bitte des Petrus alles mitschwingt, mag es nützlich sein, für den Moment etwas Fantasie einzuschalten und sich eine andere Variante dieser Bitte zurechtzulegen. Einfach mal als Möglichkeit, als Spiel eines gedanklichen Experimentes. Wäre nicht auch denkbar, dass Petrus seine Bitte etwas klüger formuliert hätte? Weniger riskant, auf Nummer sicher. Etwa so: »Herr, wenn du es bist, lass mich auf dem Wasser einmal rund um das Boot gehen!« – Das wäre vom Risiko her vorsichtiger und klüger, vor allem sicherer gewesen. Hätte dieser Rundgang um das Boot nicht geklappt, wäre er eingesunken, hätte er sich leicht am Boot festhalten und seine Haut retten können. Wäre er hingegen gut auf dem Wasser ums Boot gekommen, dann wären anschließend die Schritte auf Jesus hin sicherer gewesen, auch verantwortungsvoller und vernünftiger.

Aber dem ist nicht so! Offensichtlich soll mit diesem riskanten Ausstieg aus dem Boot etwas anderes gesagt werden. Es geht nicht um einen Probelauf, noch weniger um eine Vorführung eines Bravourstückes, das Petrus vor seinen Mitaposteln zum Besten geben möchte. Vielmehr wird in diesem Schritt deutlich, wie der Versuch, Jesus Vertrauen zu schenken, aussieht und was er beinhaltet. Es ist vorerst ein Ausstieg aus dem Boot. Was bis jetzt Sicherheit gab und vertraut war, wird verlassen, gesellschaftliche und berufliche Umgebung aufgegeben. Haltepunkte werden losgelassen, ohne dass eine neue, sichere Perspektive schon sichtbar wäre. Es ist ein Schritt ins Ungewisse zwar, aber doch, wie sich zeigen wird, nicht ins Leere.

Das Bild von Ernst Alt macht diesen Moment eines Aktes von Vertrauen und Glauben ganz deutlich. Während Petrus mit einem Fuß noch im Boote bleibt, setzt er den anderen gleichzeitig aufs Wasser. Zögerlich und prüfend, ob es hält, ob er es wagen kann. Gleichzeitig hält er die Hand fest ans Ohr, um sich zu vergewissern, ob er denn richtig gehört hat, ob es wirklich die Stimme Jesu ist, die da ruft: »Komm!« Ist wirklich er es, der ihn einlädt, in seine Nähe zu kommen, oder ist es ein Gespenst, wie die anderen Apostel vorerst annehmen?

Von diesem »richtigen Hören« (vgl. Lk 8,16–18) hängt alles ab. Das Wort »Komm!« hat alles Gewicht. Es ruft und provoziert, befreit aber auch Petrus von einer doppelten Angst. Einerseits ist es der Blick nach rechts und links, auf Wind und Wetter, was ihn erschreckt und was ihn zögerlich und unsicher macht. Andererseits befällt ihn auch die Angst vor dem eigenen Mut. Was hat er da so schnell und unüberlegt in die Nacht hinausgerufen: »Herr, wenn du es bist, so befiehl, dass ich auf dem Wasser zu dir komme!« War das nicht blanker Übermut oder doch einfach sein starker Wunsch, zu Jesus zu kommen? Jetzt, wo es ernst wird, beginnt er zu zittern. Aber gleichzeitig wächst in ihm ein Vertrauen, das ihn stärkt, quer durch die eigene Angst sich auf das Wasser zu wagen. Und siehe da – o Wunder des Glaubens! –, das Wasser trägt.

Was dieses Wunder des Glaubens, diesen Gang auf dem Wasser möglich macht, wird im Text noch eigens deutlich. »Als er aber den Wind bemerkte, fürchtete er sich und begann zu sinken.« Noch einmal wird hervorgehoben: Nicht irgendwelche Spaziergänge werden auf dem Wasser gelingen, nur Schritte, die auf Jesus zuführen. Solange Petrus seinen Blick auf Jesus gerichtet hält, das Wort »Komm!« in seinem Ohr und seinem Herzen klingt, solange ist er gehalten und kann gehen. Im Moment jedoch, wo er auf die Seite schaut, auf die Gefahren von Wind und Wellen, wird die Angst übermächtig und er beginnt zu sinken.

Ganz allgemein kommt in dieser Geschichte zum Ausdruck, wie Glauben und Angst sich zueinander verhalten. Wie im Fall von Petrus, so gilt allgemein: Wer zu glauben beginnt, verliert dadurch nicht einfach die Angst und ist sich seiner Schritte sicher. Diese bleibt bestehen und gehört zu unserem menschlichen Dasein auch da, wo wir Gott zu vertrauen beginnen. Wir brauchen sie sogar, um uns in vielen Fällen vor dem eigenen Übermut zu schützen. Sie verschwindet mit dem Glauben nicht einfach, sondern kommt präzise dorthin, wo sie hingehört, nämlich an den zweiten Platz in unserem Herzen, in den Hintergrund, vielleicht sogar ins Abseits. Die Angst wird vom Glauben entmachtet: Sie hat nicht mehr das letzte Wort, hört auf, das beherrschende Motiv des Handelns zu sein. An die erste Stelle, wo über unser Tun und Handeln entschieden wird, tritt das Vertrauen auf Gott.

2. Neue geschenkte Sicherheit

Worauf macht uns diese Geschichte aufmerksam? Wie sollen wir sie verstehen? – Es mag dazu hilfreich sein, eine Unterscheidung zu bedenken, die in der Geschichte der Theologie immer wieder auftaucht, die sich besonders jedoch in der Theologie von Martin Luther findet. Dort wird unterschieden zwischen *Securitas* und *Certitudo*, zwischen Sicherheit und Gewissheit.[17]

Die Grundfrage, um die sich alles dreht, heißt: Was gibt uns im Leben Sicherheit, auf welchem Boden fühlen wir uns wie zu

Hause? Mit *Securitas* ist vorerst all das gemeint, was uns äußerlich eine gewisse Stabilität vermittelt, was uns Gefühle von Sicherheit und Geborgenheit gibt. Ein gewisser Komfort, der uns materiell und gesellschaftlich stützt, der auch nötig ist, um richtig handeln und gut sein zu können. Die Erfahrung lehrt es uns: Im Normalfall fühlen wir uns wohl in gewohnter Umgebung, der eigenen Wohnung, auf bekannten Straßen. Wir gewinnen Selbstvertrauen, wenn wir einem vertrauten Beruf nachgehen können, der uns befriedigt und belohnt. Ja, wir leben richtig auf, wenn wir den eigenen Dialekt sprechen können. Erst recht, wo all dies im Kreis von Freunden geschieht. All diese genannten Momente mögen mit dem Begriff der *Securitas* gemeint sein, diese gesellschaftliche Einbettung, diese Zugehörigkeit, die einen Halt vermittelt. – In unserem Bild gesprochen: Gemeint ist das Schiff, die Besatzung, der Beruf der Fischer, was den Einzelnen das Gefühl von Sicherheit gibt.

Im Unterschied zu dieser *Securitas* meint die *Certitudo*, die mit dem Wort Gewissheit übersetzt wird, jene Art von Sicherheit, die aus der Begegnung mit Jesus stammt. Es ist das Vertrauen, das in den Schritten, die wir auf Jesus hin tun, enthalten ist und dadurch gestärkt wird. Es macht uns im eigenen Innern sicher. Wir gewinnen eine innere Klarheit, eine Versicherung unseres gläubigen Tuns, einen Halt, der in noch so großen Wirren uns erhalten bleibt. Es ist eine innere Evidenz, die über viel Dunkles zu siegen vermag und die gegen äußere Anfechtungen stabil bleibt. So wie es der heilige Paulus im Römerbrief beschreibt: »Was kann uns scheiden von der Liebe Christi? Trübsal oder Bedrängnis oder Verfolgung oder Hunger oder Blöße oder Gefahr oder Schwert? … Doch all das überwinden wir durch den, der uns geliebt hat. Denn ich bin gewiss: Weder Tod noch Leben, weder Engel noch Mächte, weder Gegenwärtiges noch Zukünftiges noch Kräfte, weder Höhe noch Tiefe noch irgendeine andere Kreatur können uns scheiden von der Liebe Gottes, die in Christus Jesus ist, unserem Herrn« (Röm 8,35.37–39).

Ein nochmaliger Blick auf das Bild macht das Ganze noch klarer. Es ist nicht auszuschließen, dass Ernst Alt von diesem Unterschied von *Securitas* und *Certitudo* inspiriert war. Die angesprochene *Securitas*, ihre Zerbrechlichkeit und Vorläufigkeit, kommt deutlich darin zum Ausdruck, dass das Schiff die Form einer Nussschale hat. Es wird in den stürmischen Wellen hin- und hergeworfen. Zudem ist überdeutlich, dass auf Deck nicht gerade große Harmonie herrscht. Alles wackelt und ist in Gefahr.

Aber auch die *Certitudo* kommt im Bild deutlich zum Ausdruck. Die Gewissheit, mit der Petrus über das Wasser geht, ist auf eine ganz sublime, ja gewählte Form ausgedrückt. Die Wellen werden in die Form eines neuen Wellenkamms gebracht. Sie bilden den Bug eines neuen Schiffes, der ausdrücklich mit hellen Farben dargestellt ist. Damit ist das neue Schiff gezeichnet, das bessere und sicherere Geborgenheit zu geben vermag als das, was verlassen wurde.

3. Quer durch die Angst auf Jesus zu

Wie Exerzitanten mit dieser Geschichte umgehen? Nach allem, was sie schon betrachtet und gebetet haben, wird es für sie (wahrscheinlich) keine besondere Mühe sein zu verstehen, was Petrus tut. Alles, was bis jetzt betrachtet wurde, war nichts anderes als ein Schritt in die Nähe Jesu. Es waren Versuche, zu ihm Vertrauen zu gewinnen. Jetzt, in diesem Gang über das Wasser, werden diese Schritte persönlich, erfordern Mut, bekommen den Charakter eines Wagnisses. Was Petrus hier zeigt und vorlebt, ist gewiss nicht leicht, wird aber aus einer spirituellen Sicht durchaus verstehbar. Exerzitanten wissen schon um die Ängste, die aufkommen, wenn es darum geht, gewohnte Sicherheiten zu verlassen und jemandem volles Vertrauen zu schenken, den man nur erst wenig kennt.

Konflikte der Gefühle, zwischen ängstlichem Zögern und gefordertem Vertrauen sind ihnen durchaus bekannt.

Sie kennen aber auch den starken Wunsch, Jesus immer besser kennenzulernen, dazu in seine Nähe zu kommen. Deshalb fühlen sie sich durch das Beispiel von Petrus ermutigt, gleiche Schritte zu wagen. Sie möchten zu Jesus gezogen werden, quer durch die eigene Angst, möchten, dass dieser Wunsch immer stärker werde und sie ganz erfülle. Alles andere, was da noch Herzen und Gemüt treibt, soll zweitrangig und auf die Seite kommen, seien es Ängste, Komfort oder sekundäre Sicherheiten. Diese sollen sogar nach einem Wort des heiligen Paulus als Verlust gelten, wenn er sagt: »Doch was mir Gewinn bedeutete, das habe ich wegen Christus als Verlust erkannt. Jawohl, ich erachte alles als Verlust um der unüberbietbar großen Erkenntnis Christi Jesu willen, meines Herrn« (Phil 3,7–8).

Es mag sein, dass das Gebet des Exerzitanten sich in den folgenden Worten findet und vollendet.

»Rüttle uns auf, o Herr,
damit wir kühner werden
und uns hinauswagen
auf das weite Meer,
wo uns die Stürme Deine Allmacht
offenbaren,
wo wir mit schwindender Sicht
auf das Ufer
die Sterne aufleuchten sehen.
Im Namen dessen, der die Horizonte
unserer Hoffnungen weit
hinausgeschoben
und die Beherzten aufgefordert hat,
Ihm zu folgen.«
(Gebet von Basisgemeinschaften aus
Mindanao-Sulu, Philippinen)

IX. WACHSEN UNTER JESU RUF

Die vorausgehenden Betrachtungen haben die Exerzitanten in die Nähe Jesu geleitet. Es waren alles Anfänge, Initiativen, die von Jesus ausgehen. Einladungen zum Mitgehen, zu gemeinsamer Zeit. Sie waren Gelegenheiten, sich bei Jesus umzusehen und Vertrauen zu gewinnen, aber auch gleichzeitig, um immer klarer zu werden, was das eigene Leben soll. Im Mitgehen in gemeinsamen Schritten mit Jesus erhellt sich die Sinnrichtung eines Lebens, offenbart sich das Geheimnis einer Biografie.

Nun gibt es in jedem gläubigen Leben nicht bloß die guten Anfänge, die Zeiten, wo uns die Gnade des Glaubens geschenkt wurde und wir damit ernst gemacht haben. Es gibt auch die Zeiten, in denen der Glaube wächst, wo er hilft, den eigenen Alltag zu verstehen und danach zu gestalten. Den Weg, den Jesus mit uns begonnen hat, geht er mit uns weiter in Treue und Geduld. Er, der sich als Freund zu erkennen gegeben hat, ist und bleibt es, wird uns dies immer wieder in freundschaftlichen Zeichen in Erinnerung rufen. Ständig werden wir im Lauf unserer Gebetsgeschichte daran erinnert, dass wir gerufene und geleitete Wesen sind.

1. Was uns begegnet, spricht

Exerzitien sind eine Zeit, in der wir in erhöhtem Maße aufmerksam werden auf Zeichen göttlicher Führung. Äußere und innere! Wir sind bereitet, haben die Chance, die eigene Lebens- und Glaubensgeschichte nochmals durchzugehen. Ausdrücklich mit den Augen des Glaubens. Es handelt sich dabei um eine Art Relecture, um ein aufmerksames Blättern und Lesen in der eigenen Biografie. Was hinter uns liegt, legen wir nochmals vor uns zurecht, erwägen, was Gott uns damit sagen wollte. Vielleicht geht uns erst in diesem Rückblick wirklich auf, wo und wie Gott uns geführt hat. So wie es der Psalmist tut: »Ich gedenke vergangener Tage, all deinen Werken sinne ich nach, bedenke, was getan haben deine Hände« (Ps 143,5). – »Und sinne nach über all deine Werke, und deine Taten erwäge ich« (Ps 77,13).

Alles, was in unserem Leben geschehen ist, kann und soll in solch gläubiger Rückschau nochmals gegenwärtig werden. Markante Momente, aber auch Durststrecken und Krisen. Was immer die eigene Lebens- und Glaubensgeschichte ausmacht, Ereignisse und die damit verbundenen Fragen. Sie sollen alle nochmals zum Thema werden. – So frage ich mich und gebe Acht auf göttliche Spuren: Wie bin ich überhaupt zum Glauben gekommen? Wo sind die Anfänge meines Betens? Gibt es Zeichen göttlicher Führung, klare Hinweise, Einschnitte und Zufälle, die mich glauben und beten gelehrt haben? Welches waren die Worte, die mir die Richtung zu Gott gewiesen haben, welches die Personen, die mich auf die Spur Jesu aufmerksam gemacht haben? Personen, die mir vorausgegangen sind und mich ermutigt haben. Wem verdanke ich was? – Und schließlich: Wer und was hat geholfen, diesen begonnenen Weg des Gebetes weiterzugehen und ihm treu zu bleiben? Gibt es innere Zusammenhänge, die sich in solch betender Rückschau zeigen, einen roten Faden göttlicher Führung, in dem die vereinzelten Punkte eine sinnvolle Reihe bilden, sodass ich wie Abraham verwundert sagen kann: »Wahrlich, der Herr ist an dieser Stätte, und ich wusste es nicht!« (Gen 28,16).

Wenn wir mit solchen Fragen unsere Biografie betrachten, da gehen wir – theologisch gesagt – davon aus, dass das Leben, so wie es sich zeigt, uns etwas offenbart. Es hat uns etwas zu sagen, provoziert unter Umständen, weckt die Aufmerksamkeit. Die Wirklichkeit als Ganze ist nicht einfach stumm, wie ein schreckliches Wort von Spinoza sagt. Nein, was geschieht, das spricht. Es hat Wortcharakter, wie es im Johannesevangelium bezeugt ist: »Alles ist durch es [das Wort] geworden, und ohne es ist nichts geworden, was geworden ist« (Joh 1,3). Deshalb ist das, was wirklich ist und geschieht, nicht einfach ein Gekräusel an der Oberfläche. Es ist immer mehr und auch etwas anderes, als was sich äußerlich abspielt und was sich uns in einer ersten Wahrnehmung zeigt. Wirklichkeit ist »tiefer, als der Tag gedacht« (Friedrich Nietzsche).

Tatsachen und Tatbestände sind das eine. Was sie bedeuten, ihr Sinn und ihre Botschaft, das ist das andere. – Was wirklich ist, enthält in sich eine Botschaft, die ihr vom Schöpfer mitgegeben ist. Es trägt Züge göttlichen Wirkens, ist transparent auf sein Handeln, hat etwas zu sagen. Und wie es jeder Botschaft eigen ist: Sie will nicht Gewalt ausüben, will uns nicht zu etwas zwingen, sondern ist ein Appell an unsere Freiheit, gleicht einem Klopfen an unsere Tür. Deshalb suchen und fragen wir mit Recht, was Ereignisse uns zu sagen haben und was sie uns lehren wollen. Wir lernen aus unseren vergangenen Jahren und unserer Geschichte (vgl. Dtn 32,7).

2. Der Zufall – ein Deckname Gottes

Wo wir gläubig in unsere Biografie schauen, wir nach Momenten und Stellen Ausschau halten, wo göttliches Wirken vermutet werden darf, da stoßen wir ganz automatisch auf das, was wir Zufälle nennen. Wir gehen gerade hier davon aus, dass die Zufälle nicht bloß ein äußeres Zusammentreffen von Umständen sind. Sie sind Träger von verhüllten Botschaften, sind eine indirekte Weise, wie Gott spricht und sich offenbart, sich uns Menschen mitteilt. Anders gesagt: Sie sind sein Pseudonym, sein Deckname. Derjenige, der hier durch äußere Ereignisse spricht, bleibt im Hintergrund und ist verborgen. Gott spricht oder schreibt durch die Zufälle, »wenn er nicht persönlich unterschreiben will« (Anatole France).

Wie solche göttliche Redeweise aussieht und wie man sie hören kann? Bald ist sie laut, bald leise. Bald ein Schrei, bald ein Flüsterton. Es gibt Zufälle, deren Botschaft so laut und deutlich ist, dass es für den Betroffenen beinahe unmöglich bleibt, sie zu überhören, auch wenn sie oft erst im Nachhinein verstanden werden. Es können dies große Schicksalsschläge sein, Krankheiten und Katastrophen, durch die Gott ein gewöhnliches und eingerichtetes Leben massiv unterbricht und dadurch seine Stimme erhebt. Dort etwa, wo Saulus bei Damaskus vom Pferde geworfen wird oder wo Ignatius von Loyola bei der Schlacht von Pamplona das Bein zerschmettert wird. In solchen Beispielen wird deutlich, wie Gott das, was er mit Menschen vorhat, laut und deutlich macht. In schicksalhaften Ereignissen tönt ein lautes Wort, klingt eine geradezu gebieterische Aufforderung mit, das bisherige Leben abzubrechen, neu zu fragen und sich zu besinnen. In solch radikalen Unterbrechungen des Lebens ruft Gott laut. Seine Stimme ist, wie C. S. Lewis sagt, ein »Megafon«.

Die genannten Beispiele vom heiligen Paulus und heiligen Ignatius machen darüber hinaus deutlich, wie lange es dauern kann, um göttliche Botschaften, die in solch schicksalsreichen Ereignissen sind, wirklich zu verstehen. Monate und Jahre sind nötig. Ignatius verbringt lange Zeiten, um in einsamen Stunden mit frommer Lektüre und Gebeten herauszufinden, was ihm von Gott gesagt sein soll. Auch der heilige Paulus, der die Gruppe Jesu mit Hass verfolgte, braucht drei Jahre, um zu verstehen, was ihm zugestoßen ist. Massive Brüche werden zu totalen Bekehrungen.

Nun aber gibt es nicht nur diese großen, markanten Erschütterungen, die durch Mark und Bein gehen und die auf Gott aufmerksam machen. Gott spricht nicht bloß laut, er redet auch leise. Dies in der ganzen Breite alltäglicher und unscheinbarer Zufälle, in den vielen positiven und negativen Überraschungen des Alltags. Sie sind gleichsam eine Art von freundlichem »Augenzwinkern des Himmels«, fast beiläufige diskrete Hinweise, in denen sich Gott vernehmbar machen will. Er spricht in solch zufälligen Gegebenheiten auf eine leise Art, sozusagen im Flüsterton, inmitten von alltäglichen Banalitäten und Routinen.

Diese Hinweise, wodurch Gott sich inmitten unserer alltäglichen Beschäftigungen bemerkbar macht, sind äußerst vielfältig. Nichts, was unsere Tage erfüllt, ist davon ausgeschlossen. Wir können auf das Wirken Gottes aufmerksam werden, wenn es unerwartet an die Tür klopft und ein lieber Freund uns überrascht. Oder auch dann, wenn es nicht ein Freund, sondern ein lästiger Bettler ist. Glücklich jener Pfarrer, der mit solch unerwarteter Störung fromm und nicht ohne Humor zurechtkommt, indem er zu sich selbst sagt: »Ach Jesus, du schon wieder!« – Wo immer sich Wege kreuzen, zu ärgerlicher oder freudiger Überraschung, kann die Führung und die Sprache Gottes vermutet werden. In allen alltäglichen Gegebenheiten, mitten in Banalitäten und Überraschungen des Alltags.

Aber auch in dem, was sich in unserem Innern und in unserem Herzen an Überraschungen ergibt. Woher plötzlich ein unerklärliches Gefühl von Glück und Frieden? Wie rettend sind oft Gedanken und Einfälle, die uns plötzlich kommen und weiterhelfen? Oder auch Tage, an denen sich alles wundervoll zusammenfügt.

Das Ganze am Beispiel der heiligen kleinen Therese von Lisieux illustriert. – Sie lebt im Kloster auf engem Raum, weiß, wie Ordnung und Alltag aussehen, kennt Rituale, die Regeln und

Überraschungen eines gemeinsamen Lebens. Ihr ist die Gnade geschenkt, in dieser eintönigen Welt Gottes Stimme, die Zeichen seiner besonderen Gegenwart zu erkennen. Die Umgebung, in der sie lebt, ist für sie ganz auf Gott hin durchsichtig, transparent und theophan. Alles, was ihr zustößt, ist Gegenstand ihres betenden Gesprächs. Gott redet zu ihr durch alles. Alle Ereignisse, fremde und selbst verschuldete mögen sie noch so gering sein, haben ihr etwas zu sagen. Es bedeutet ihr etwas, wenn sie auf der Treppe unglücklich stürzt, wenn sie in der Wäscherei von einer Mitschwester angespritzt wird. Alles wird für sie zum göttlichen Anstupf dafür, in der Demut und der Nachfolge Jesu zu wachsen, ist für sie gut. *»C'est bon pour le ciel«*, wie man im Kloster zu sagen pflegte.

Es gehört zu einer gläubigen Lebenskunst, in diesen vielen Zufällen eines Alltags nach göttlichen Botschaften Ausschau zu halten. Dies wird uns umso besser gelingen, als unser Herz dafür offen und empfänglich ist. Sind die Augen des Glaubens hell und klar, erwartungsvoll, ja neugierig, wird sich das, was uns von Gott gesagt sein soll, leichter zeigen. Blicke, die vorausgehen, die zum Vornherein etwas erwarten, sehen mehr. Wie der Psalmist betet: »Vor der Nachtwache werden die Augen mir wach, zu erwägen das Wort deiner Lehre … Belebe mich Herr durch deine Entscheide« (Ps 119,148-149).

3. Wer liebt, sieht mehr

Was sich in einem gewohnten und durchschnittlichen Alltag abspielt, ist für gläubige Menschen nicht einfach ein Ensemble von unbedeutenden Dingen, die sich einfach so ergeben, die uns für den Moment freudig oder traurig stimmen, die man aber auch ohne Schaden gleich wieder vergessen kann. Wessen Glaube von

Liebe erfüllt ist, der sieht mehr. Er darf davon ausgehen, dass im Geschehen eines Alltags, dem Gelingen oder Scheitern eigener Pläne, in allem, was geplant oder nicht geplant ist, Botschaften, ja göttliche Hinweise enthalten sind. Er weiß, dass Gottes Geist in allem anwesend und wirksam ist, in größten und kleinsten Gegebenheiten, deshalb auch in allem gesucht und gefunden werden darf. Mag es oft schwer sein, im Detail zu erspüren und zu entziffern, was diese und jene zufällige Fügung bedeuten und sagen will, mag es uns oft erst im Nachhinein, im Rückblick deutlich werden, so bleibt die Nachricht, die Mitteilung doch drin.

Gewiss: Da gibt es ein Bedenken! Was wir als glaubende Menschen in den Zufällen sehen oder zu sehen behaupten, ist nicht leicht zu formulieren, noch schwieriger für andere verständlich zu machen oder gar zu beweisen. Allzu leicht kann es von außen als fromme Projektion oder als naiver Sinnoptimismus abgetan werden. Was wir da in einem zufälligen Geschehen zu sehen oder zu vernehmen behaupten, das sei Illusion, Übertragung eigener frommer Wünsche. Wir bezeichnen es als Stimme Gottes, was wir zu hören meinen, und es sei doch bei näherer Betrachtung bloß die Stimme des eigenen Herzens.

Dagegen ist zu bedenken: Ein gläubiges Auge, das von Liebe erfüllt ist, vermag viel zu sehen. Es gibt so etwas wie eine »Innenevidenz der Liebe« (Thomas Pröpper), in der nicht bloß die plumpen Fakten von Zufällen wahrgenommen werden, sondern auch das, was damit gemeint ist. Wer liebt, schaut mit einem wohlwollenden Blick auf alles, was geschieht, auf das eigene Beten, aber auch auf seine Früchte und Antworten. Er nimmt alles in sich auf, was sich zeigt, sucht es im Glauben zu verstehen. Selbst Dinge, die vordergründig der Liebe entgegenstehen, können dadurch einen Sinn bekommen. Sie erschließen sich selbst, wo sie der Liebe begegnen. Wie es das bekannte Wort von Richard von St. Viktor nahelegt: »*Ubi amor, ibi oculus.*« Wo Liebe ist, da öffnet sich ein Auge.

Wie sehr also solche Glaubenseinsicht, die von Liebe geleitet und geformt ist, persönlich und subjektiv ist, so ist sie doch nicht einfach eine Projektion, nicht nur etwas, das man hineininterpretiert. Nein, sie ist real und wahr. Sie konstatiert nicht nur das Faktum eines Zufalls, sondern auch seine Botschaft.

X. WIE UMKEHR IN GANG KOMMT

»Zachäus, steig schnell herunter, ich muss heute bei dir zu Gast sein« (nach Lk 19,5).

Umkehr! Das ist das Hauptthema, sozusagen der rote Faden, der sich durch die Exerzitien hindurchzieht. Aus allem, was bis jetzt bedacht und gebetet wurde, legt sich das Thema nahe. Es ist ein nächster Schritt in der Nachfolge Jesu, ein Weitergehen mit ihm. Exerzitanten, die betend ihre Lebensgeschichte betrachtet haben, werden auf nächste konkrete Schritte der Umkehr gewiesen. Nicht durch äußere Verordnung oder gar durch Zwang, sondern allein durch innere Zustimmung, als Antwort auf etwas, das sich nahelegt. Je tiefer Betende mit Jesus in Kontakt gekommen sind, je persönlicher sie sich von seiner Liebe haben berühren lassen, umso mächtiger wird der Wunsch, das Leben im Sinne Jesu neu zu ordnen. Immer weniger kann alles beim Alten bleiben. Geliebtwerden will mit einer Umkehr und mit einem Neuanfang beantwortet werden, so wie es ein bunter Text von Ronchi nahelegt: »Ja, Jesus, du bedeutest das Ende für mein mittelmäßiges Leben, für allen falschen Frieden, für einen billigen Glauben; du bist der Ruin meiner Maske, des schönen Scheins, des Selbstbetrugs.«[18]

1. Als Sünder im sicheren Versteck

Als Einstieg in diese Phase der Umkehr bietet sich die Geschichte von Zachäus an. Sie hilft zu sehen, wie Jesus auf sündige Menschen zugeht, wie sein Interesse und seine Liebe die Voraussetzungen schaffen, damit Menschen sich als Sünder bekennen können und sich von Schuld befreien lassen.

> »Dann kam er nach Jericho und zog hindurch. Dort lebte ein Mann mit Namen Zachäus, der war oberster Zöllner und reich. Er wollte gern sehen, wer Jesus sei, konnte es aber nicht wegen der Volksmenge; denn er war klein von Gestalt. Da lief er voraus

> und stieg auf einen Maulbeerfeigenbaum, um ihn zu sehen; denn da musste er vorüberkommen. Als nun Jesus an die Stelle kam, schaute er hinauf und sagte zu ihm: Zachäus, steig schnell herunter, denn heute muss ich in deinem Haus bleiben. Schnell stieg er herunter und nahm ihn mit Freuden auf. Alle, die das sahen, empörten sich und sagten: Bei einem Sünder ist er eingekehrt, um zu wohnen! Zachäus aber wandte sich an den Herrn und sagte zu ihm: Herr, die Hälfte meines Vermögens gebe ich den Armen und wenn ich etwas zu Unrecht von jemand gefordert habe, gebe ich es vierfach zurück. Jesus sagte zu ihm: Heute ist diesem Haus Heil widerfahren, weil auch dieser Mann ein Sohn Abrahams ist. Denn der Menschensohn ist gekommen, um zu suchen und zu retten, was verloren war« (Lk 19,1–10).

Warum kommt Zachäus überhaupt in die Nähe Jesu? Vorerst ist kein spezifisch religiöses Motiv erkennbar, auch kein Anlass für eine Umkehr; weder ein direktes Leiden, von dem er geheilt werden möchte, noch sonstige Unzufriedenheit. Es ist pure Neugierde, ein elementarer Wunsch, Jesus zu sehen (vgl. Lk 19,3). Wo alle Welt ihm nachläuft, da möchte man gerne wissen, was es auf sich hat. Deshalb los auf einen Baum![19]

Warum klettert Zachäus gerade auf einen Baum? – Plausibel ist gewiss, was geschrieben steht: Er war klein! Er musste folglich eine erhöhte Stelle finden und sich einen Platz suchen, damit er einen Blick auf Jesus gewinnen konnte. Aber da war wohl auch noch eine andere, wenn auch unbewusste strategische Überlegung, die mitspielte.

Gewiss wollte er Jesus sehen, wollte dabei aber auch sicher sein, dass es dabei bleibt, suchte deshalb jedes Risiko auszuschließen. Auf keinen Fall wollte er in die Sache und noch weniger in die Person Jesu verwickelt werden. Daher: ein Baum. Dieser bietet mehr Schutz als ein Dach oder gar eine schnell hingestellte Leiter. Im Geäst eines Baumes, in seinen Zweigen, war ihm ein guter

Platz garantiert, von dem aus er alles beobachten konnte, ohne gesehen und angesprochen zu werden. Er konnte bequem dem Zug der Menge folgen, blieb in der nötigen Distanz, in Sichtkontakt, in Verbindung, ohne dass es verbindlich werden könnte. Ein komfortables Observatorium.

> Bäume sind nicht bloß in der Bibel Orte der Erleuchtung, der Wiederherstellung, ja geradezu der Neugeburt. Nicht umsonst ist auf dem Bild von Habdank Zachäus in der Haltung eines Fötus dargestellt.

2. Heute: die Stunde der Bekehrung

Während sich Zachäus bequem in seinem Versteck einrichtet, sich in Sicherheit wähnt, gerät er plötzlich in den Brennpunkt des Geschehens. Alle Augen, vor allem diejenigen von Jesus, richten sich auf ihn: »Zachäus, steig schnell herunter, denn heute muss ich in deinem Haus bleiben« (Lk 19,5). – So unerwartet die Perspektive sich ändert, so schnell soll nun alles geschehen. Eile ist angesagt. Weder kann der Besuch aufgeschoben werden, noch gibt es Zeit für lange Erklärungen. Schnell vom Baum runter! Heute, nicht später, soll, ja muss der Besuch stattfinden. Die Aufforderung geschieht in Eile, ist dringlich und wichtig. Es schwingt in ihr ein geradezu göttliches »Muss«, eine unaufschiebbare Notwendigkeit mit. Jetzt ist die Zeit der Gnade. So ähnlich heißt es im Psalm: »Heute, wenn ihr seine Stimme hört, verhärtet nicht euer Herz« (Ps 95,8).

Zachäus, steig herab! Der Oberzöllner wird eingeladen, seinen Beobachterposten auf dem Baum zu verlassen. Seine Reaktion zeigt, dass er verstanden hat. Er nutzt diese Chance, jenen als Gast aufzunehmen, den vermutlich viele gerne bei sich zu Hause gesehen hätten. Er steigt herab und nimmt Jesus, wie es heißt, mit Freude auf.

Kein Wunder! Was ihm da geschieht, ist völlig unerwartet, vorerst auch gegen seinen Sinn. Er wollte Jesus sehen, nur sehen, mehr nicht. Jetzt, wo es gar zu diesem unverhofften Besuch kommt, ist die Freude übergroß. Dazu kommt noch, dass er mit seinem eigenen Namen angesprochen wird: »Zachäus!« Woher Jesus nur den Namen kennt? Über das schlechte Gerede, das in der Öffentlichkeit zirkuliert? Oder über eigene Informationen?

Egal! Eines ist gewiss: Sobald Zachäus seinen Namen hört, fühlt er sich angenommen und geehrt; er ist nicht mehr nur einer unter vielen, er ist ein Einzelner, ein Herausgerufener, ein Geliebter. – Wer möchte da nicht auch zu ihnen gehören? Neider und die gehässigen Blicke werden wohl nicht gefehlt haben. Es waren ja Hunderte, wenn nicht mehr, die dankbar gewesen wären, wenn sie von Jesus ein persönliches Wort bekommen hätten. Ja, sie wären mehr als zufrieden gewesen, wenn sie nur sein Gewand hätten berühren können. Warum gerade dieser kleine Mann, über den nichts Gutes zu berichten war, der nicht mehr als »Sohn Abrahams« betrachtet wurde?

Wie es wohl bei diesem Besuch zugegangen ist? Weniges davon ist berichtet. Zachäus begegnet einem Menschen, den er nur aus der Ferne, vom Hörensagen kennt, der sich aber jetzt, in der unmittelbaren Nähe, als jemand offenbart, der alle seine Erwartungen übertrifft. Man kann sich kaum vorstellen, wie dieser Zöllner überrascht gewesen sein musste, er eigentlich nicht mehr realisieren konnte, wie und was ihm geschah. Da redet dieser Fremde so zu ihm, als ob er ihn schon längst kennen würde; er zeigt Interesse, strahlt Freundlichkeit aus. Zachäus findet sich plötzlich vor einer Person, deren Anteilnahme ihn so berührt, dass er Mut findet, sein Herz zu öffnen. Alles gerät ins Gespräch. Auch seine Selbstwidersprüche, seine beruflichen Betrügereien, seine Machenschaften.

In der Geschichte selbst wird nichts darüber berichtet, wie die Begegnung abgelaufen ist, weder Inhalt noch Atmosphäre. Nur das Resultat ist festgehalten, die Frucht dieser Begegnung, sozusagen der gute Vorsatz. Änderungen im Umgang mit Geld und seinem Beruf. Zachäus will nicht nur 120 Prozent dessen, was er unrechtmäßig erworben hat, zurückerstatten, wie es das Gesetz des Mose fordert (vgl. Lev 5,20–26), sondern darüber hinaus vier- bis fünfmal Ersatz leisten, auch eine gewisse Summe für die Armen abzweigen. Weil er von der Liebe Jesu so unmittelbar berührt ist, übertrifft er, was das Gesetz als Minimum von ihm erfordert.

»Heute ist diesem Haus Heil widerfahren!« Zachäus erfährt, wie mit dem Besuch Jesu ein Licht, ein neuer Sinn seines Lebens einzieht. Er wird erneut Glied der Gemeinschaft der Söhne Abrahams.

3. Liebe – göttliche Pädagogik

Was sich in Jericho im Hause des Zachäus zugetragen hat, ist zeichenhaft. Es hat eine wichtige Botschaft für alle, die sich auf dem Weg zu Jesus befinden. Es ist ein Paradebeispiel, das die Sendung Jesu klarmacht: »Der Menschensohn ist gekommen zu suchen und zu retten, was verloren war« (Lk 19,10).

Wann immer Menschen in das Licht der Person Jesu geraten, da werden sie eingeladen, ihr Leben mit all ihren Widersprüchen und Schatten selbstkritisch zu betrachten. Es darf ans Licht kommen, was inneres Leiden verursacht hat, wo die Schmerzstellen liegen, vor allem was sündhaftes Verhalten ist. Es ist nichts anderes als dieses bedingungslose und barmherzige Geliebtsein durch Jesus, das solches Umdenken möglich macht. Damit Menschen überhaupt sich bekehren können, müssen sie in ihrer Tiefe bejaht und angenommen werden.

Dadurch ist die Geschichte von Zachäus ein Hinweis, wie das Thema der eigenen Sündhaftigkeit angegangen werden soll. Es wird nicht einfach frontal herbeigezwungen, bleibt nicht zusammenhangslos. Keine blanke Konfrontation. Die Wahrheit des eigenen Lebens, zu der auch Dunkelheit und Sünde gehören, wird sich dort zeigen können, wo Liebe sie einlädt, wie der Satz von Max Frisch deutlich macht: »Wenn du glaubst, etwas als Wahrheit erkannt zu haben, so halte es dem anderen hin wie einen Mantel, in den er hineinschlüpfen kann, schlage es ihm aber nicht wie ein nasses Handtuch um die Ohren.« Nicht: Was hast du da getan? Schäme dich! Schon eher: Du hast gesündigt! Du bleibst nicht allein. Es gibt Vergebung.

Mag Zachäus, wie zu Beginn angedeutet, von vagen Gewissensbissen geplagt worden sein, er wusste im Grunde, dass beruflich vieles unrecht und tadelnswert war. In der Begegnung mit Jesus werden ihm das eigentliche Gewicht dieses falschen Verhaltens und die Verantwortung für die Schuld deutlich. Was halb bewusst in seinem Geiste belastend war, kommt im Angesicht Jesu ans Licht. So wie es im Psalm heißt: »Vor deine Augen stelltest du unsere Schuld, ins Licht deines Angesichts die verborgene Sünde« (Ps 90,8). Die Person Jesu, in deren Angesicht die Barmherzigkeit Gottes greifbar ist, ist der eigentliche Spiegel dessen, was wir sind und sein könnten.

Die Geschichte von Zachäus ist für Exerzitanten Einstieg in die Phase der Umkehr. Sie sind eingeladen, das, was in Jericho sich ereignet hat, zu bedenken und es in ihre eigene Gebetsgeschichte aufzunehmen. Was Zachäus geschieht, das wird auch ihnen zuteil. Auch sie werden in ihrem Versteck angesprochen und herausgerufen. Ihnen wird die Ehre zuteil, dass Jesus sich bei ihnen einlädt und in ihren Herzen Wohnung nehmen will. Was damals geschah, geschehe auch jetzt. – Welche Freude wird sie erfüllen, wo sie das Wort Jesu zu sich gesprochen fühlen: Heute muss ich bei dir zu Gast sein. So geraten die Exerzitanten, wo sie Jesus freudig aufnehmen, in ein Visavis zu Jesus, lassen seinen Blick, der voll Liebe und Barmherzigkeit ist, auf sich gerichtet sein. Da fallen die Reserven und Vorbehalte weg. Vor allem aber werden sie von der Angst, eigene Sünden anzusprechen, befreit. Wo das barmherzige Licht Jesu sie trifft, da werden die eigenen Dunkelheiten sichtbar und ansprechbar. Wie damals in Jericho, so auch heute.

XI. ICH, EIN SÜNDER? – KAUM!

»Die Kunst, es nicht gewesen zu sein.«

Die Geschichte von Zachäus hat deutlich gemacht, was es für uns Menschen braucht, um zu einer ehrlichen Erkenntnis der eigenen Schuld zu kommen. Sich selbst als fehlerhaft und sündig anzuerkennen, wird erst dort möglich, wo wir versichert werden, dass wir auch da von Jesus geliebt und gesucht bleiben, wo Schuld zum Vorschein kommt. Er nimmt uns mit auf seinen Weg, auf dem wir Kraft finden, die Wahrheit unseres Lebens zu sehen und anzunehmen. Dazu gehören auch Schuld und Sünde: »Wenn wir sagen, dass wir keine Sünde haben, täuschen wir uns selbst und die Wahrheit ist nicht in uns« (1 Joh 1,8).

1. Aus der Sprache, aus dem Sinn

Der Weg zu diesem Punkt, an dem wir eigene Schuld und Sünde eingestehen, ist weit und schwierig. Was uns dabei zögerlich und unsicher macht, ist vielleicht nicht so sehr die Frage, ob es überhaupt Vergebung gibt, ob eine verkehrte Sache wieder gut werden kann. Nein, was heute im Vordergrund steht, sind vielmehr Schuld und Sünden selbst. Gibt es sie überhaupt? Gibt es so etwas wie ein persönliches Verantworten bösen Geschehens? Gibt es ein klares Hinstehen für einen Schaden, ein Schuldigwerden? – Sich als Sünder zu bekennen, mag vielleicht in heutiger Zeit noch schwerer sein, als an Vergebung zu glauben. Kann man heute eingestehen: Ich habe es getan?

Wie kommt eine solche Frage überhaupt auf? – Beginnen wir beim Sprachgebrauch des Begriffs »Sünde«. Es mag dies äußerlich erscheinen, ist deshalb aber nicht ohne Bedeutung. Wie und wo wird von Schuld und Sünde geredet? Da ist von vornherein klar: Was einem unangenehm ist, davon redet man nicht gern. Oder man flüchtet in Ausreden, braucht Formulierungen, die weicher sind als die Realität, die man empfindet. So auch beim heutigen Sprachgebrauch des Begriffs »Sünde«.

Schon das Wort, wenn es überhaupt noch gebraucht wird, ist ein Begriff, der meist nicht ganz ernst genommen wird und leicht ironisiert wird. Er hat den Beigeschmack des Komischen, des Interessanten, des Verführerischen. Meistens aber wird das Wort überhaupt gemieden und sein Inhalt mit weicheren Ausdrücken ersetzt. Man spricht von Versehen, von Schwächen, von Versagen. Im öffentlichen Bereich wird er auf eine harmlos-kokette Weise gebraucht. In der Unterhaltungsindustrie klingt es etwa so: »Auf der Alm, da gibt's koa Sünd«. Der Begriff dient dazu, sympathische und verständliche Schwächen anzusprechen. Dies vor allem für nicht ganz ernst zu nehmende Vergehen im sexuellen Bereich oder auch bei Übertretungen von Regeln des Verkehrs oder der Ernährung. Wer mit dem Auto zu schnell gefahren ist und dabei ertappt wurde, hat nichts dagegen, als Verkehrssünder abgestempelt zu werden; ebenfalls kommt demjenigen, der zu viel gegessen hat, das Wort leicht über die Lippen: Ich habe gesündigt. Es ist vorerst dieser eingespielte Sprachgebrauch, der deutlich macht, wie Sünde weg- und abgeschoben wird. Aus der Sprache, aus dem Sinn.[20]

Eine erste kritische Rückfrage: Was geschieht da, wo das Wort von der Sünde verharmlost oder völlig entleert wird? – Es wird sich gleich noch klar erweisen, dass damit nicht bloß ein Etikettenschwindel vorgenommen wird. Es ist nicht einfach so, dass ein Wort durch ein anderes ersetzt würde. Sünde und Schuld meinen etwas anderes als das, was mit Fehlleistung oder mit einem Fauxpas gemeint ist. Es ist mehr als wahrscheinlich, dass die Meidung des Wortes Sünde, das, wie Eberhart Schockenhoff sagt, »geradezu inflationäre Gerede von Versagen« davon ablenkt, dass es durchaus tiefere Schuld geben kann und vor allem, dass es ein Schuldigwerden vor Gott, das heißt, dass es Sünde gibt. Davon aber gleich mehr.

2. Sünde als Stück allgemeiner Misere?

Ob nun der Exerzitant das Wort von der Sünde in den Mund nimmt oder nicht, er ist eingeladen, sich den eigenen Fehlern, Schwächen und Sünden zu stellen. Er wird dabei unweigerlich auf diese angesprochenen Neigungen stoßen, persönliche Verantwortung für das, was schiefläuft, abzuschieben. Die Kunst, es nicht gewesen zu sein, das kennt auch er gut genug. Niemand ist hier eine Ausnahme. Es ist nicht bloß die heutige Zeit, die sie uns beibringt. Wir haben sie geerbt. Aber wie?

Bin ich ein Sünder? – Würde uns jemand direkt fragen, ob es zu unserem Selbstverständnis gehöre, ein Sünder zu sein, dann würden wir wohl alle spontan und abwehrend antworten: Nein! Sicher nicht so, wie es Papst Franziskus getan hat. In einem seiner ersten Interviews, wo er ganz allgemein gefragt wurde, wer er sei, antwortete er ohne Zögern: Ich bin ein Sünder.

Ein solch spontanes Eingeständnis käme uns weder in den Sinn noch auf die Zunge. Es erschiene uns als eine Lüge. Wir müssten es uns zweimal überlegen, hätten viele Entschuldigungen, begriffliche Nuancen und auch Unterscheidungen bereit, um uns dagegen zu wehren. Sicher ist, dass wir uns entschieden wehren würden, zu den großen und erklärten Sündern gezählt zu werden. Dass es bei uns vieles gibt, was im Kleinen fehlt und nicht in Ordnung ist, das wird leicht eingestanden. Ein Blick auf unser alltägliches Verhalten macht es gleich klar. Immer mangelt es uns an Liebe, an Aufmerksamkeit für den Nächsten, an Freundlichkeit und Rücksicht, immer auch an zuversichtlichem Glauben und an Hoffnung für uns selbst und für die andern.

Es kommt noch dazu, dass es gerade in diesem Feld des Zusammenlebens schwierig ist, klar zu erkennen, wo persönliche Schuld vorliegt. Was kann hier Sünde sein? Was ist bewusstes böses Tun und was ist einfachhin Schwäche, eine Folge von Müdigkeit und Nachlässigkeit oder ein bloßer Ausdruck unseres Charakters? Zu viel wissen wir heute darüber, wie andere als nur schuldhafte Faktoren in unserem Verhalten mitspielen, wie das, was wir tun und lassen, in großem Maße von leiblichen, psychischen und sozialen Voraussetzungen verursacht ist.

Bin ich also ein Sünder? Heute könnte es heißen: Ja, ich bin es, aber ich kann nichts dafür. Wir entschuldigen uns damit, dass es zur menschlichen Grundverfassung gehöre und unser ganzes Menschsein von Anfang an geprägt habe. Wir stehen und leiden unter einem fremden Gesetz, bleiben vielen äußeren Zwängen ausgesetzt, leben in einem Selbstwiderspruch, dass wir eigentlich

Dinge tun, die wir nicht wollen, und zum Guten, das wir anstreben, keine Kraft haben. Ganz deutlich ist dieser Selbstwiderspruch in den Worten des heiligen Paulus: »Denn ich tue nicht, was ich will, sondern was ich hasse, das tue ich … Dann handle aber nicht mehr ich, sondern die in mir wohnende Sünde« (Röm 7,15.17).

Wie dies in heutiger Sprache formuliert sein kann, dazu die folgenden Worte von Karl Rahner: »Der neuzeitliche Mensch sieht das, was man Schuld nennt, als ein Stück jener allgemeinen Misere und Absurdität des menschlichen Daseins, demgegenüber der Mensch nicht Subjekt, sondern Objekt ist, je mehr Biologie, Psychologie und Soziologie die Ursachen des sogenannten Sittlich-Bösen erforschen. Und darum hat der Mensch von heute eher den Eindruck, dass Gott den unerfreulichen Zustand der Welt vor den Menschen rechtfertigen müsse, dass der Mensch eher das Opfer und nicht die Ursache dieser Verfassung der Welt und der Menschheitsgeschichte sei.«[21]

3. Die Kunst, es nicht gewesen zu sein

Zuzugeben also, dass die Welt im Argen liegt, wir Menschen unfähig sind, das zu tun, was wir eigentlich sollen, das fällt uns nicht besonders schwer. Dies erst recht, wenn uns Karl Rahner in seinem Text erklärt, dass wir heutige Menschen uns eher als Teil einer allgemeinen Misere betrachten statt als selbstbestimmte Individuen. Dadurch seien wir weithin von persönlicher Schuld entbunden.

Solche Überlegungen kommen unseren inneren Neigungen, jegliche Schuld von uns fernzuhalten, entgegen. Denn immer sind wir dabei, für etwas, das schiefgegangen ist, vorerst andere Ursachen zu suchen, die schuld sind. Sachliche oder persönliche. Die

Kunst, es nicht gewesen zu sein, beherrschen wir gut. Leicht finden wir die nötigen Ausreden, die nach außen deutlich machen, dass nicht wir es sind, sondern die anderen.

Diese Kunst, es nicht gewesen zu sein, geht weit zurück. Die Geschichte der Selbstentschuldigungen begann im Paradies. Sie ist im ersten Buch der Bibel, der Genesis, festgehalten. Da wird beschrieben, wie das erste Menschenpaar, Adam und Eva, in Schuld fällt und sich plötzlich die Frage erhebt, wie es denn dazu kam. Die Frage der Verantwortlichkeit führt zum Streit: »Darauf sprach er: Wer hat dir gesagt, dass du nackt bist? Hast du von dem Baum gegessen, von dem zu essen ich dir verboten habe? Adam erwiderte: Die Frau, die du mir beigesellt hast, gab mir von dem Baum und ich aß. Da sprach Gott, der Herr, zu der Frau: Was hast du da getan? Die Frau antwortete: Die Schlange hat mich verführt und ich aß« (Gen 3,11–13).

Eine der schönsten, aber auch deutlichsten Illustrationen dieser biblischen Szene findet sich in einem Relief der Bernwardstür des Hildesheimer Doms: Hände und Arme, mit denen die Anschuldigungen von einer Person zur andern geschoben werden, bilden darin eine einzige zusammenhängende Linie. Adam, der unter einem verdorrten Baum sitzt, weist auf Eva; sie wiederum zu einem Schlangenwesen, das ihr Feuer zuspeit. Selbst der vertrocknete Ast eines dürren Baumes wird in die Anklagekette mit hineingezogen. Dieses geradezu zwanghafte Weiterschieben von Schuld wirkt wie eine starre Mechanik: »Nicht ich, die da, er da, es da!«

Von den vielen Variationen, wie in der heutigen Zeit persönliche Sünde weggeschoben wird, soll nur eine erwähnt werden, nämlich die Flucht ins Allgemeine.

Was ist damit gemeint? In Kürze: Das, was alle tun, was gesellschaftlich gängig und ohne viel Aufhebens angenommen ist, das kommt uns entgegen, ist willkommen. Es entlastet und schützt uns vor unnötigen Schuldgefühlen. Es dient uns dazu, eigenes böses und dummes Verhalten zu entschuldigen. Dieser allgemeine Verhaltenskodex ist wie ein Feigenblatt, das uns hilft, eventuelle Schuldgefühle zuzudecken. Was jedem Einzelnen von uns passiert und was wir tun, das tun doch alle. Wenn ich mich mit anderen vergleiche, kommen mir meine Schuldgefühle als irreal oder übertrieben vor. Sie quälen mich unnötig. Ich bin nicht schlechter als alle anderen und will auch nicht besser sein als der Durchschnitt.

Dies ist wohl der wunde Punkt, der nicht bloß in der Flucht ins Allgemeine, sondern in jeder Form von Selbstentschuldigung liegt: Nicht anders sein wollen als alle andern, nicht besser als der Durchschnitt. Nicht auffallen, keine Ausnahme machen, nicht im negativen, aber auch nicht im positiven Sinn.

Was solchem Verhalten zugrunde liegt, ist offensichtlich. Es ist ein resigniertes Sich-Abfinden mit dem, was man geworden ist, ist eine Art von faulem Frieden mit den eigenen Sünden. Es ist eine Trägheit, die sich bescheidet mit dem kleinsten gemeinsamen Nenner, die nicht mehr zu sehen vermag, dass in allem, auch dem Negativen, etwas mehr ist, als was sich dem ersten Blick zeigt. Die Sünden mögen zwar klar hervortreten und bewusst werden, aber man will nichts daraus lernen. Man zieht es vor, selbstgenügsam, zufrieden und bedürfnislos bei sich zu bleiben. Man will nicht mehr weiter.

Wer jedoch Exerzitien macht, der bittet um Kraft und Mut, sich auf konkrete Schritte einer Umkehr einzulassen. Er darf auf reale Verbesserungen seines Lebens hoffen. Dies umso mehr, als er bereit wird, sich der Sünde und der persönlichen Verantwortung für sie zu stellen. Dies geschieht, wie schon mehrfach angesprochen, nicht zuerst aus einer vorgenommenen Selbstprüfung, in der das eigene Verhalten selbstkritisch angeschaut wird, sondern im Gebet. Die Geschichte von Zachäus ist präsent. Es ist in der Begegnung mit Jesus, wo das ganze Gewicht eigenen schuldhaften Verhaltens an den Tag kommt, wo aber auch die Freude über geschenkte Vergebung groß wird.

XII. UMKEHR BEGINNT IM DETAIL

Vieles von dem, was uns hindert, Schuld und Sünde zu sehen und zuzugeben, ist zur Sprache gekommen. Zahlreich sind die Hindernisse, persönliche und gesellschaftliche! Im Fortgang der Exerzitien wird der Beter nun eingeladen, sein eigenes Fehlverhalten selbstkritisch zu betrachten. Er bittet dazu um die Gnade einer tiefen und ehrlichen Selbsterkenntnis. Es möchte ihm klar werden, wo seine Schatten und Mängel liegen, was alles einer Neuordnung bedarf.

1. Kleine Dämonen am Werk

Nach allem, was vorausgegangen ist, wissen die betenden Exerzitanten um die Gefahr, Sünde und Umkehr zu verharmlosen und zu bagatellisieren. Ob es denn großen Sinn macht, sich für etwas zu mühen, das auf die Länge wenig effizient ist? Was bringen gute Vorsätze, von denen wir alle wissen, dass sie meistens von kurzer Dauer sind? Ist es deshalb nicht viel ratsamer, eigenes Fehlverhalten einfach anzunehmen und damit zu leben? Wir sind und bleiben ja alle kleine Sünderlein. Ist es nicht ein hoffnungsloses Unternehmen, sich von eingefleischtem negativem Verhalten befreien zu wollen?

Diese Skepsis wächst noch, wenn es heißt, dass jede Bekehrung im Detail beginnen soll, also mit Bagatellen und Lappalien. Was soll das? Verdienen diese kaum vermeidbaren Fehler unsere Aufmerksamkeit? Wie soll denn Schuld in dieser moralischen Grauzone erkannt werden? Was ist wirklich bösartig und was einfach gedankenlos? Nicht jeder Ausrutscher ist es schon wert, unter die Lupe genommen zu werden. Mag da vieles, was an schnellen und flüchtigen Gedanken durch Kopf und Herz geht, nicht gerade wohlwollend sein, so muss es deshalb nicht schon größere Beachtung finden.

All diese Skepsis hat zum Teil ihr gutes Recht! Wir tun gut daran, all diese Entgleisungen im Kleinen nicht ernster zu nehmen, als sie es verdienen. Kleines soll klein bleiben. – Aber nichts ist so klein, dass es im Blick auf diese angezielte Umkehr ohne Bedeutung wäre. Wo Umkehr im Ganzen ansteht, da kommt man an diesen sittlichen Bagatellen nicht vorbei.

Umkehr im Sinne des Evangeliums meint eine radikale Sinnesänderung, eine totale »*révision de vie*«. Da gehören die großen Linien dazu, die unser Leben auf ein letztes Ziel hin ausrichten, aber nicht weniger die kleinen Dinge, die Störfaktoren, die das Ganze durcheinanderbringen können. Diese sind Teil unseres Lebens, unseres geistigen und leiblichen Bestandes; sie sind nicht selten Ursache dafür, dass das Gespür für das Richtige abstumpft. Sie hemmen die Entfaltung unseres Glaubens und unserer Hoffnung und führen oft zu deren Ende und Verlust.

Warum also diese kleinen Fehler und Schwächen ernst nehmen? – Einfach deshalb, weil sie am Anfang von manchem größeren Übel stehen. Wahrscheinlich bleibt für alle, die zur Wahrheit ihres Lebens gelangen möchten, kein anderer Weg als derjenige der Hinwendung zum Detail. Alle Bekehrungen, gerade auch die großen, beginnen im Kleinen, im Ernstnehmen verkehrter Gedanken, im Arbeiten am eigenen Charakter, im Verändern von negativen Verhaltensmustern. Was wir gerne als banal und nicht der Rede wert betrachten, ist eben doch das, was das ganze Leben behindern kann, der feine Sand im großen Getriebe. Die Teufelchen liegen im Detail, arbeiten ganz unbemerkt, aber doch nicht ohne Erfolg. Sie sind es, die das Ganze zu stören vermögen, die verhindern, dass keine Ordnung, auch keine größere Dynamik ins Leben kommt. Sie sind es, welche die guten Keime ersticken, keine größere Hoffnung, auch keine Freude entstehen lassen.

Wer es wirklich ernst meint mit einer Änderung seines Lebens, der muss damit im Kleinen beginnen, vor der Haustür, in der Tagesordnung oder noch besser in der Kammer des eigenen Herzens, in seinen Gedanken und Gefühlen. Ganz deutlich steht im Exerzitienbuch: Wer sich von üblen Gedanken befreien möchte, der »fordere von seiner Seele Rechenschaft, prüfe sich regelmäßig, ob er in seinem Bemühen Fortschritte mache«; und zwar minutiös, von »morgens bis abends, jeweils Stunde um Stunde« (EB 25–26).

2. Wie sieht die sittliche Mikrowelt aus?

Wer Mühe hat, im Ganzen seines Verhaltens etwas zu finden, was anders oder besser sein sollte, dem können die folgenden Überlegungen von Karl Rahner helfen. Sie sind ein Gewissensspiegel, der zwar im Blick auf apostolische Arbeiten formuliert ist, der aber auch ganz allgemeine Gültigkeit hat. Er dient dazu, die Mikrowelt unserer Fehler besser und genauer wahrzunehmen, ist eine große Hilfe, die glatte Oberfläche eines alltäglichen Bewusstseins »aufzuschmirgeln«. Er ist so konkret formuliert, dass es für den Einzelnen schwer sein dürfte, sich nicht an diesem oder jenem Punkt angesprochen zu fühlen.

> »Oft sind wir selbst daran schuld, dass unser apostolisches Wirken viel unfruchtbarer wird, als es sein müsste. Das bedeutet erst

> recht, dass wir die lässlichen Sünden ernst nehmen müssen, und zwar in allen ihren verschiedenen Abschattungen, angefangen von den frei gewollten Fehlern bis zu bestimmten Manifestationen unseres Charakters, die an sich fast keine Schuld mehr sind, aber doch zeigen, wie weit wir in unserer Grundhaltung noch von dem entfernt sind, was wir eigentlich sein sollten. Ungeduld, Grobheit, Unsauberkeit, schlechte Lektüre, Geschwätzigkeit, Durchhecheln von Fehlern anderer, kleinlicher Egoismus im Alltag, kleine Feindschaften, Empfindlichkeit, Nachtragen, Zeitvertun, Feigheit, Mangel an Ehrfurcht vor dem Religiösen, vor anderen Menschen, vor ihrem Seelenleben, despektierliches Reden von Frauen, Paschatum, verletzende Boshaftigkeiten, die sich als Witzigkeit tarnen, Eigensinn und Rechthaberei, Launenhaftigkeit, die man andere tragen lässt. Unordentlichkeit in Amtssachen, Aufschieben von Unangenehmem, Klatsch, Eingebildetheit und Selbstlob, ungerechte Bevorzugung verschiedener Menschen, die einem besonders sympathisch sind, Voreiligkeit im Urteilen, falsche Selbstzufriedenheit, Trägheit, die nicht mehr hinzulernen will, die den Mut und die Selbstlosigkeit nicht aufbringt, andere wirklich anzuhören, sie zu Worte kommen zu lassen, die Tendenz, alle Menschen über den eigenen Leisten zu schlagen, und vieles andere mehr wäre da zu überlegen.«[22]

Die Liste solch kleiner Mängel könnte leicht noch weitergeführt werden. Aber es geht nicht darum, eine Auslegeordnung aller möglichen Fehler zu fabrizieren. Eine Liste aller denkbaren Fehlleistungen wäre wahrscheinlich nicht hilfreich. Restlose Selbsterkenntnis ist nicht Ziel und wäre wahrscheinlich gar nicht leicht zu ertragen. Alles zu wissen bekommen, was in uns, in den Abgründen des Unbewussten als Antriebe lebendig ist, wäre vielleicht eher eine Last als Befreiung. Wer sagt uns, ob wir darob glücklich wären? Es gibt auch eine gnädige Verhüllung dessen, was wahr ist. Vielleicht schwingt diese Rücksicht im Worte Jesu mit, wenn er sagt: »Noch vieles habe ich euch zu sagen; aber ihr könnt es jetzt noch nicht tragen« (Joh 16,12). – Es geht darum, sich zu bemühen und darum zu beten, den konkreten Ansatz herauszufinden, wo hier und jetzt Umkehr angezeigt und möglich ist.

3. Der Heilige Geist führt ins Konkrete

Die Exerzitanten sind dabei herauszufinden, wo ihre Umkehr ansetzen soll. Klar ist ihnen schon dies: Große allgemeine Vorsätze bringen sie nicht weiter. Sie müssen im Detail festgemacht werden. Aber wo liegt der Ansatzpunkt, wo der Beginn? Gibt es konkrete Hinweise? Lästige Gewohnheiten? Konkrete Konflikte, von denen man befreit werden möchte? Was bringt Klärung? Was hilft?

Um bei dieser ganz konkreten Sorge weiterzukommen, ist das Gebet zum Heiligen Geist angezeigt. Zwar ist alles Beten schon von ihm getragen und durch ihn ermöglicht. Schon ist er in unseren Herzen ausgegossen, will hineinströmen in unsere Gedanken und Gefühle bis in unsere Sinne. Die ganze eigene Wahrnehmung von Augen, Ohren, Geschmack soll verstärkt und verfeinert werden.

Weil unser ganzes Wesen durch das Wirken des Heiligen Geistes wacher und hellsichtiger wird, kann auch eine konkrete Situation, in der wir sind, klarer werden. Was bedeutet es, dass ich jetzt hier bin? Wo ist die Aufgabe, die Chance, das Licht in dieser konkreten Zeit, an diesem konkreten Ort? Es gehört zur spezifischen Wirkweise des Heiligen Geistes, ins Konkrete hineinzuführen, es zu erhellen und anzunehmen. Es ist ihm eigen, das Hier und Jetzt, in dem wir uns befinden, zu klären, hilft uns zu unterscheiden zwischen dem, was ferne ist und nicht verändert werden kann, und dem, was vor unseren Augen ist und sich zur Verbesserung anbietet. Sehet das Gute, es ist so nah. Wie es im klassischen Gebet heißt: »Gott, gib uns die Gnade, mit Gelassenheit Dinge hinzunehmen, die sich nicht ändern lassen, den Mut, Dinge zu ändern, die geändert werden sollen, und die Weisheit, das eine vom anderen zu unterscheiden.«

Der Heilige Geist ist im Hier und Jetzt einer konkreten Lebenssituation. Dieses Drinnensein kommt in der Pfingstsequenz deutlich zum Ausdruck. In der vierten Strophe wird in dreimaligem Insistieren deutlich gemacht, wie der Geist die jeweils gegebene Situation durchdringt. In der Mühe, in der Hitze, in der Trauer, hier und jetzt, nicht anderswo, nicht später. Mögen wir folglich in solch konkreten engen und widrigen Grenzsituationen noch so sehr bedrückt und eingesperrt sein, es sind just diese Momente, in denen der Heilige Geist nahe ist und uns einen nächsten kleinen Schritt der Hoffnung möglich macht.

Der Heilige Geist ist, abgrenzend gesagt, nicht ein Geist, der uns in abstrakten Erwägungen und allgemeinen Vorsätzen stehen lässt. Wo wir zu ihm beten, wird es konkret, bleibt es unmöglich stehen zu bleiben, uns einfach mit dem Status quo abzufinden. Er öffnet Möglichkeiten des Handelns, konkrete Vorsätze zu fassen, so klein sie auch sein mögen. Je konkreter sie werden, umso größer wird die Hoffnung, diese Vorsätze zu verwirklichen.

XIII. DIE UNTERLASSUNG – EIN NICHTSTUN MIT GROSSEN FOLGEN

Die Exerzitanten finden sich in der Phase der Umkehr; sie sind gehalten, ihr inneres und äußeres Verhalten selbstkritisch im Gebet zu betrachten. Alles, was dazu gehört, ihre ganze Lebenswelt, die »Gedanken, Worte und Werke«, wie es im Confiteor der Kirche heißt. Sie stoßen dabei aber auch unweigerlich auf alles, was sie an Gutem nicht getan haben. So vieles blieb aus, so viele Gelegenheiten, eigenes wie fremdes Leben zu stärken. Es sind dies die sogenannten Unterlassungen, die ebenfalls zum Bereich dessen gehören, wofür man verantwortlich ist. Auch sie sollen angesprochen und geprüft werden. So klein und unbedeutend sie scheinen, sie dürfen in der Gewissensprüfung nicht fehlen.

1. Wenn Nachlässigkeit Kontakte zerstört

Gewöhnlich werden Unterlassungen zu den kleinen, den sogenannten lässlichen Sünden gezählt. Bei erster Wahrnehmung sind sie tatsächlich klein. Dies wohl einfach deshalb, weil man das, was nicht geschehen ist, weniger schnell feststellt als das, was sichtbar ist. Auf Worte, die man hört, kann man schnell reagieren, auf Schweigen hingegen nicht in gleichem Maße oder erst später! Vielleicht aber werden Unterlassungen auch deshalb leicht entschuldigt, weil sie bei näherem Zusehen eher ein Zeichen von Vergesslichkeit oder eine Folge von Müdigkeit sind.

Was jedoch Unterlassungen wirklich sind, wird uns meist erst dort deutlich, wo ihre Wirkungen voll und ganz zutage treten. Es sind ihre Spätfolgen, die uns erst deutlich machen, was mit ihnen auf dem Spiele steht.

Überdeutlich wird uns dies im zwischenmenschlichen Bereich. Und zwar in jeder Art von Miteinander, sei dies die Ehe, Freundschaft oder berufliche Kameradschaft. Alles Zusammensein braucht Nahrung, Zeit und Unterstützung. Anders haben diese Formen der Kommunikation auf die Länge keinen Bestand. Wo man keine Zeit füreinander hat, einander nicht sieht oder nichts voneinander hört, da beginnt eine Beziehung zu bröckeln. Wird die Liebe, welche eine Verbindung am Leben hält, fade und fantasielos, da schwindet die Freude aneinander. Sie hört auf, Freunde und Partner beieinanderzuhalten. – All diese Formen von Nachlässigkeit können dorthin führen, wo lebenswichtige Beziehungen abbrechen, wie es Klaus Demmer präzise auf den Punkt bringt: »Sehr oft liegt die Verantwortung für lebensgeschichtliches Scheitern in der Unterlassung.«[23]

2. Nahe und doch fern gerückt

Dies alles gilt in großem Maße auch für die Beziehung mit Gott, für unseren Glauben. Nicht selten geschieht es, dass der eigene Glaube seine Lebendigkeit und seine Kraft, all seine Vitalität dadurch verliert, dass man aufhört, dafür Zeit zu haben und dankbar zu sein. Auch eine Beziehung zu Gott muss genährt sein, um erhalten zu bleiben und wachsen zu können. Sonst geht sie verloren. Wie dies geschehen kann, lässt sich biblisch am Gleichnis des barmherzigen Vaters bzw. des älteren Sohnes zeigen:

»Sein älterer Sohn aber war auf dem Feld. Als er kam und sich dem Haus näherte, hörte er Musik und Tanz. Da rief er einen der Knechte herbei und fragte, was das sei. Der aber sagte ihm: Dein Bruder ist gekommen und dein Vater hat das Mastkalb geschlachtet, weil er ihn gesund wiedererhalten hat. Da wurde er zornig und wollte nicht hineingehen. Doch sein Vater kam heraus und redete ihm zu. Er aber gab dem Vater zur Antwort: So viele Jahre diene ich dir und habe nie dein Gebot übertreten; mir aber hast du nie auch nur einen Bock gegeben, damit ich mit meinen Freunden feiern konnte. Jetzt aber, als dieser dein Sohn gekommen ist, der dein Vermögen mit Dirnen verprasst hat, hast du ihm das Mastkalb geschlachtet. Er aber sagte zu ihm: Sohn, du bist allezeit bei mir und alles, was mein ist, ist dein. Feiern aber und uns freuen müssen wir; denn dein Bruder war tot und lebt wieder, er war verloren und ist wiedergefunden worden« (Lk 15,25–32).

Wir lesen diesen Text mit der Frage, ob und wie der ältere Sohn schuldig geworden ist. Der erste Eindruck: Da ist nichts, was nach Schuld aussieht. Kein negatives Verhalten von grober Natur, keine Verletzung einer Beziehung. Nein, niemand wird beleidigt, benachteiligt, niemand kommt zu Schaden. Eher schon ist das Gegenteil der Fall. Der ältere Sohn kann auf gelungenes Wohlverhalten hinweisen, rühmt sich seiner Arbeit, ist stolz auf seine Leistung, seinen treuen Dienst. Vorbildliche Korrektheit.

Trotz solch äußerer Fehlerlosigkeit liegt ein Schatten über der Beziehung. Vater und Sohn sind sich irgendwo innerlich fremd geworden. Schon der vorwurfsvolle Ton, mit dem der ältere Sohn seinem Vater begegnet, lässt ahnen, dass etwas nicht mehr stimmt. Just im Moment der Heimkehr wird diese Missstimmung deutlich; als hätte er auf die Gelegenheit gewartet, seinem tief sitzenden Groll Luft zu machen. Der offene Vorwurf, der Vater hätte für den älteren Sohn kein Fest gegeben, zeigt deutlich, wie die Beziehung gestört ist.

Wie es dazu kam? Wie konnte solche Missstimmung, solche Distanz und Ferne entstehen? Da ist, wie schon angedeutet, kein markanter Punkt, der angeben würde, ab wann das Vertrauen nachgelassen hätte, kein wahrnehmbarer Entscheid, auf Distanz zu gehen, noch weniger eine böswillige Tat, welche die gute Beziehung brechen sollte, sodass man rückblickend sagen könnte: Ab hier, ab diesem Tag ist die Nähe und Liebe geschwunden. Nichts dergleichen! Kein gesetzter Abschied, keine Zäsur, kein Bruch.

Nein, die Schuld des älteren Sohnes hat ihre Wurzeln anderswo. Nicht in einem überlegten Entscheid, überhaupt nicht in einer Tat, sondern in einem Nichtstun. Es ist eine Unterlassung. Irgendwo und irgendwann hat dieser ältere Sohn aufgehört, aus der Beziehung zu seinem Vater zu leben. Ohne dass er es gemerkt hat, wurde er gleichgültig, gewöhnte sich daran mit der Folge, dass dadurch die Distanz zum Vater immer größer wurde und er schließlich aufgehört hat, sein Sohn zu sein. Er ist Knecht geworden.

Der ältere Sohn ist dem Vater, was das gemeinsame Zuhause betrifft, ganz nahe und doch so ferne gerückt. Die Freude über liebende Verbundenheit ist verschwunden, zum Festefeiern gibt es keinen Anlass mehr. Was geblieben ist, ist eine Selbstzufriedenheit, ein Stolz auf die erbrachte Leistung. »So viele Jahre diene ich dir und habe nie deine Gebote übertreten.« Er hat ja alles, was verlangt war, getan, nur ist die Freude verloren gegangen. Feste gab es keine mehr.

3. Wie Schlamperei sich rächt

Was die Geschichte für das Verständnis von Unterlassungen bringt? – Sichtbar wird in ihr vor allem das Missverhältnis, das in einer Unterlassung zwischen Ursache und Wirkung bestehen kann. Etwas, das moralisch gesehen eine Bagatelle ist, hat verheerende Folgen. Etwas nicht Getanes rächt sich in großem Maße.

Wie es dazu kommen kann, dass menschliche Beziehungen oder eben auch der Glaube an Gott so zerfällt? Das Tückische, ja das Fatale an solch innerer Entfremdung liegt darin, dass es ein Geschehen ist, das ganz lautlos und leise vor sich geht. Wir merken es kaum. Gerade in den Anfängen, wo es sich anbahnt, ein wenig fast hinter dem eigenen Rücken. Man gewöhnt sich an einen Zustand, an eine Art von Zufriedenheit, wie sie etwa Arbeit und Leistung zu geben vermögen, ohne dabei zu merken, dass etwas Zentrales verloren geht. Es ist wie bei der Dämmerung in den Bergen: Während es geschieht, merkt man es nicht. Plötzlich ist es Nacht.

So ähnlich kann der Glaube, der Licht in unser Leben bringt, zum Dunkel werden. Der Verlust unseres Vertrauens in Gott, auch die Bindung an die Kirche kann lautlos verdunsten. Da denkt einer: Es geht auch ganz gut ohne Gebet, auch ohne die Gemeinschaft der Gläubigen. Er mag dabei vielleicht eine gewisse Leere spüren, merkt, dass etwas fehlt. Aber dieses Vakuum füllt sich schnell mit anderem, mit Arbeit und Hobbys, sodass das, was einst Sinn und Halt gegeben hat, schnell in die Ferne rückt und bloß Erinnerung bleibt.

Schon wurde angedeutet, wie die geistig-geistliche Geschichte des älteren Sohnes endet: in großer Lieblosigkeit, in einer Herzenshärte. Er ist unfähig geworden, seinen heimkehrenden Bruder zu begrüßen und ihm zu vergeben. Die Formulierungen, die der Evangelist wohl nicht ohne Bedacht gebraucht, weisen deutlich in diese Richtung. Zwar nur indirekt, aber ganz klar. Schon die Art und Weise, wie der ältere Bruder auf das angesagte Fest reagiert, wo er Klang und Musik hört: Da sträubt er sich, wehrt ab, »wollte nicht hineingehen«. Er ist nicht bloß unfähig, sich über die Rückkehr seines Bruders zu freuen, sondern auch ohnmächtig, ihn zu empfangen und ihm zu vergeben. Mit verachtender Geste spricht er von diesem da, der heimkehrt. Und zu seinem Vater gewendet, von »deinem Sohn«, nicht von seinem Bruder: »Jetzt aber, als dieser dein Sohn gekommen ist, der dein Vermögen mit Dirnen verprasst hat, hast du ihm das Mastkalb geschlachtet« (Lk 15,30).

Der Vater aber, voll Freude über den wiedergefundenen Sohn, entgegnet ihm mit Milde und Barmherzigkeit. Es sei doch nicht irgendwer, der hier nach Hause zurückkommt und für den ein Fest arrangiert wird, nein, kein anderer als der Bruder. »Feiern aber und uns freuen müssen wir; denn dein Bruder war tot und lebt wieder, er war verloren und ist wiedergefunden worden.«

Was hier deutlich wird? Mit dem diskreten Tadel, mit dem der Vater seinen älteren Sohn anspricht, wird dessen Schuld angesprochen und aufgedeckt. Nun wird klar, wohin ihn seine geistige Entwicklung, die von Nachlässigkeiten geprägt war, geführt hat. Er ist nicht bloß unfähig, die Freude, die sein Vater über die Heimkehr empfindet, zu teilen, was noch viel gewichtiger ist, er ist unfähig, seinem Bruder zu vergeben. Sein Herz ist hart geworden.

Vieles, was in dieser Geschichte anklingt, findet sich in einem präzisen Text von Bernhard von Clairvaux. Sowohl die Gefahren, die in der Fülle von Überbeschäftigung liegen, wie auch die Schwierigkeiten, diese zu meistern und Grenzen zu setzen:

> »Daher meine Ängste, die ich deinetwegen schon immer litt und weiterhin leide: dass du die Arznei hinausschiebst, aber, das Leiden nicht ertragend, dich aus Verzweiflung unwiderruflich in die Betriebsamkeit versenkst. Ich fürchte, dass du, von Beschäftigungen umringt, deren Zahl nur ansteigt und deren Ende du nicht absiehst, dein Antlitz verhärtest und dich ganz allmählich gleichsam eines rechten und nützlichen Schmerzgefühls beraubst. Weit klüger wäre es, dich all dem wenigstens für eine Zeit zu entziehen, als dich davon ziehen zu lassen und allgemach dorthin, wo du nicht hinwillst, gezogen zu werden. Wohin?, fragst du. Nun, zum harten Herzen. Frag nicht weiter, was dieses sein mag, ersch-

rickst du nicht davor, so hast du's bereits. Ebendies ist das harte Herz, das sich vor sich selbst nicht entsetzt, weil es sich nicht mehr spürt … Was ist ein verhärtetes Herz? Eines, das keine Zerknirschung entzweireißt, keine Wendung zu Gott erreicht, kein Beten bewegt, das keiner Drohung nachgibt, durch Strafen sich weiter verstockt. Wohltaten lassen es ungerührt, Ratschläge stimmen es nicht um, es richtet unerbittlich, vor Schimpflichem schreckt es nicht zurück, geht frisch auf Gefährliches zu, ist angesichts von Menschlichem unmenschlich, fordert Göttliches frech heraus, vergisst das Vergangene, vernachlässigt das Jetzige, blickt nicht auf das Kommende vor. Ein solches Herz behält vom Vergangenen nichts übrig, als die angetanen Schmähungen, von der Gegenwart überhaupt nichts, von der Zukunft höchstens den Vorblick auf die Zubereitung von Rache. Um kurz alles Arge dieses grässlichen Übels zusammenzufassen: Das harte Herz kennt weder die Furcht Gottes noch die Ehrfurcht vor den Menschen.«[24]

XIV. WIE GOTT VERGIBT

»Sein Vater sah ihn schon von Weitem kommen, wurde von Mitleid bewegt, lief herbei, fiel ihm um den Hals und küsste ihn« (Lk 15,21).

Wir Menschen ertappen uns immer wieder, wie wir uns dagegen wehren, Schuld und Fehler einzugestehen. Die Kunst, es nicht gewesen zu sein, beherrschen wir bestens. Sie scheint uns von Natur aus gegeben. Was aber ist dann, wenn diese Kunst versagt und wir mit dem Abschieben von Schuld an unsere Grenzen geraten? Was dann, wenn wir einsehen müssen, dass wir Verkehrtes getan und viel Gutes, das möglich gewesen wäre, unterlassen haben? Was ist dann, wenn uns die Ehrlichkeit zwingt zuzugeben, dass wir, wir vielleicht sogar alleine und nicht jemand anders, an Unrecht schuld sind? – Es ist schwer zu sagen: »Ich habe es getan.«

1. Nicht Zuspruch, sondern Vergebung

Wie gehen wir mit einem solchen Eingeständnis um? Wie kann Schuld überhaupt aufgearbeitet, genauer noch getilgt werden? Wir schauen uns um, wo uns Hilfe entgegenkommen könnte, wissen aber, dass das, was geschehen ist, nicht ungeschehen gemacht werden kann. Es bleibt für immer wahr: Was durch unser Tun oder Unterlassen in die Welt gekommen ist, bleibt in ihr erhalten. Hat jemand meinetwegen geweint, kann die Träne nicht ungeweint gemacht werden. Durch keine Entschuldigung, keine besonderen Umstände, durch niemanden. Was allein uns möglich ist: Wir können das Auge trocknen und Tränen abwischen. Aber die Frage bleibt: Wer hilft uns dabei, wer befreit uns von diesen lästigen und klebrigen Schuldgefühlen? Oder noch genauer: Gibt es über die Befreiung von solchen Gefühlen hinaus eine eigentliche Tilgung von Schuld, ein Verschwinden von der Schuld selbst?

Gehen wir in diesem schwierigen Fragenkomplex von einer allgemeinen Reaktion aus. Die Erfahrung zeigt, dass wir selten so intensive und lange Selbstgespräche führen wie nach einem offenkundigen Versagen, das uns innerlich quält. Der Ärger darüber, noch mehr die Scham verschließen uns den Mund. Wir ängstigen uns, ins Gerede zu kommen, suchen gleichzeitig nach Möglichkeiten, mit jemandem darüber zu reden und uns zu erklären. In solchen Selbstgesprächen halten wir Ausschau nach jemandem, einem Du, das uns nahe ist, dem wir sagen können, was uns passiert ist und was wir angerichtet haben. Schon im freien Erzählen eines Fehltrittes liegt ja etwas Befreiendes. Und vielleicht, ja wahrscheinlich, greift diese Hoffnung noch weit darüber hinaus. Wir halten Ausschau nicht bloß nach einem Gesprächspartner, der uns versteht, sondern nach jemandem, der die Schuld tragen hilft und so die Bürde leichter macht. Irgendwo, in weiter Ferne, unbewusst vielleicht, schwingt die Hoffnung mit, es könnte aus dem angerichteten Schaden doch noch etwas Gutes entstehen, wir würden jemanden finden, der uns nicht bloß Erklärungen gibt, sondern an unserer misslichen Lage teilnimmt, sie ein Stück weit zu seiner eigenen macht.

Jemandem erzählen zu können, sei es einem Freund oder – im Rahmen von professioneller Hilfe – einem Therapeuten, kann uns entlasten. Sind damit schon alle Fragen gelöst? Dazu eine Episode, von der Josef Pieper erzählt, wie es ihn zu Besuch bei einem angesehenen Psychotherapeuten überraschte, im Sprechzimmer ein Bild zu sehen, das eine Beichte darstellt. Einem kirchlichen Würdenträger, der in schweren Purpur gekleidet ist, wird ein Sündenbekenntnis ins Ohr geflüstert. Mit einem etwas ironischen Unterton und nicht ohne einen Hauch von Selbstgefälligkeit gab der Hausherr zu verstehen: Das hier sei Tag für Tag seine Situation: Beichte hören. – Ich, so berichtet Pieper, konnte ihm die Zweifelsfrage nicht ersparen, ob er wirklich imstande sei, zu seinem Patienten gewandt zu sagen: »*Ego te absolvo!*« – »Ich spreche dich los von deinen Sünden.«[25]

Worauf diese kleine Episode aufmerksam macht, ist Folgendes: Schuld wird nicht dadurch getilgt, dass uns deutlich gemacht wird, wie es dazu kam, dass wir uns unehrlich oder rücksichtslos verhalten haben. Wir können es uns noch so sehr zurechtlegen (lassen), was da alles mitgespielt hat, all die bekannten Umstände und Faktoren. All diese Erklärungen mögen helfen, quälende Schuldgefühle zu verstehen und sie zu dämpfen. Dadurch können wir besser mit ihnen zurechtkommen. Manches kann sich da auch als falsches Schuldgefühl erweisen, anderes kann entdramatisiert werden.

Eine Frage aber bleibt, auch nachdem die Schuldgefühle geklärt und bearbeitet wurden: Was wird mit der Schuld selbst? Das *»Ego te absolvo«* kann dem Menschen auf der Couch nicht wirkmächtig zugesprochen werden. Mag das psychologische (oder auch soziologische) Wissen über alle Faktoren, die schuldhaftes Verhalten mitverursacht haben, noch so groß sein, es hat nicht die Kraft, sie zu tilgen. In diesem Sinne hat das französische Sprichwort auch nur halb recht: *»Tout comprendre c'est tout pardonner.«*

Aber was wird mit der Schuld? Ist es vielleicht der Faktor Zeit, der sie zu tilgen vermag? Werden wir von ihr befreit, indem wir sie dem Strom des Vergessens überlassen? Soll sie einfach von uns weggeschwemmt werden? Lassen wir Gras darüber wachsen? Rechnen wir mit Verjährung? Ja, gewiss, zeitliche Distanz hilft ohne Zweifel, mit Schuld und den begleitenden schmerzlichen Gefühlen leichter umzugehen. »Vergiss es!«, das ist gewiss leichthin gesagt, doch an den Folgen unseres Tuns tragen sowohl wir als auch andere weiter.

Um zu unserem Gang der Exerzitien zurückzukehren: In Jesus haben wir jemanden kennengelernt, der uns einen Raum öffnet, in dem Schuld und Vergebung Thema werden können. Noch mehr: Jesus selbst wird dazu initiativ, macht seine Autorität, Sünden zu vergeben, sichtbar. Ganz deutlich in der Geschichte jener Krankenheilung, wo vier Männer ihren geliebten Freund durch eine Dachlücke vor Jesus hinunterlassen. Dies mit der festen Hoffnung, ihr Freund möge geheilt werden. Nicht klein wird ihre Überraschung gewesen sein, wo Jesus, statt zu heilen, die Worte spricht: »Deine Sünden sind dir vergeben.« Die Schriftgelehrten fragen nicht zu Unrecht: »Wer kann Sünden vergeben als Gott allein?«(Mk 2,1–12).

Wo Exerzitanten sich solche und ähnliche Szenen aus dem Neuen Testament zu Herzen gehen lassen, da wächst in ihnen die

Hoffnung, ja die Gewissheit, in Jesus nicht einfach einem barmherzigen Therapeuten zu begegnen, sondern demjenigen, der ihnen die drückende Last der Sünde wegnimmt. Sie erkennen in dieser Begegnung die Chance eines neuen Anfangs, können die Sorge, mit der eigenen Schuld selbst fertig werden zu müssen, hinter sich lassen.

2. Lass das meine Sache sein

Wie schließlich wird Schuld getilgt? Abgrenzend ist schon deutlich geworden, nicht durch Interpretation und Klärung, auch nicht durch Vergessen. Wie es in der Tat vor sich geht, wenn uns Menschen Schuld weggenommen wird, ist in einer meisterhaften Formulierung von C. S. Lewis deutlich gemacht. Er sagt: »Von Schuld werden wir dadurch befreit, dass wir von Jesus das Wort zu hören bekommen: ›Lass das meine Sache sein!‹« In diesem Wort wird deutlich, dass unsere Schuld nicht einfach irgendwohin verschwindet. Sie wird nicht weggewaschen, wird auch nicht hinter den Rücken geworfen (vgl. Jes 38,17). Sie wird weder entsorgt noch in ein Nichts aufgelöst. Vielmehr wird sie von Jesus persönlich übernommen. Er macht sie zu seiner eigenen Sache, gibt ihr in seinem Herzen Raum, lässt sie in sein Inneres fließen. Sie gehört jetzt ganz ihm, er ist ganz und gar in unsere Schuldgeschichte hineingestiegen, hat sie innerlich durchlitten und aufgenommen. Wie es Paulus in einer abgründigen Formulierung sagt: »Ihn, der keine Sünde kannte, hat er für uns zur Sünde gemacht, damit wir in ihm Gerechtigkeit Gottes würden« (2 Kor 5,21).

Lass das meine Sache sein! Um noch besser zu verstehen, was dieser Satz meint, werfen wir einen Blick auf das bekannte Bild von Rembrandt: Die Heimkehr des Sohnes. In der Art, wie der verlorene Sohn empfangen wird, kommt zum Ausdruck, dass der Vater die Schuld seines Sohnes zu seiner Sache macht. Der Empfang geschieht nicht zuerst in Worten, sondern in einer herzlichen Umarmung. Wo der Sohn noch dabei ist zu überlegen, wie er sich erklären und entschuldigen soll, da findet er sich schon am Herzen seines Vaters. »Sein Vater sah ihn schon von Weitem kommen, wurde von Mitleid bewegt, lief herbei, fiel ihm um den Hals und küsste ihn.« Da ist kein Wort eines Vorwurfs, keine Abrechnung, kein Tadel, einfach nur: Erbarmen ohne Grenzen. Lass das meine Sache sein. Der Vater nimmt die Tat und deren Folgen in sein Herz hinein, damit der Sohn frei wird.

> Dazu eine erhellende Illustration aus dem zwischenmenschlichen Bereich. Wie jemand von Sünde und ihren Folgen befreit werden kann, das kann dort deutlich werden, wo eine Mutter ihr tobendes Kind beruhigt. Das Kind ist durch Streit ganz erzürnt. Es kocht in ihm, es ist außer sich, kann sich selbst nicht mehr helfen, hört nichts mehr und kann nichts mehr verstehen. Da hilft kein tröstendes Wort, noch weniger eine Mahnung oder gar ein Tadel. Das Einzige, das hilft, ist die Umarmung, in der das Böse sich in der Liebe der Mutter austoben kann und dadurch besiegt wird. – So ähnlich ist die Pädagogik Gottes! Die Geste der Umarmung schwingt in dem Worte mit: Lass das meine Sache sein.

Sind mit der Sündenvergebung nun alle Fragen gelöst? Die Erfahrung zeigt, dass auch da, wo leidige Sachen besprochen und vergeben wurden, die Erinnerung bleibt und oft nicht aufhört zu belästigen. Schuld ist vergeben, aber nicht vergessen. Der Trost des Vergebungswortes »*Ego te absolvo*« liegt aber nicht im Vergessen, sondern im Zuspruch, dass es nicht mehr meine Sache sei.

3. Die Beichte – ein Aufatmen

Das Wort »*Ego te absolvo – Ich spreche dich los*« ist schon mehrmals vorgekommen. Es ist das Wort, das gesucht und erhofft wird und welches in der Beichte laut gesprochen wird.

Ignatius betrachtet das Sakrament der Beichte als einen integralen Teil der Exerzitien. Sie gehört dazu, fasst die getanen Schritte von Umkehr zusammen, leitet sie auf jenen Punkt hin, wo die ersehnte Vergebung Wirklichkeit wird. Das Wort, durch das dies geschieht, ist nicht einfach ein Wort wie viele andere. »Ego te absolvo!«, dieses Wort hat ein besonderes Gewicht, hat eine Geltung, die weit über jedes Versprechen hinausgeht. Es bewirkt, was es sagt, hat ein sakramentales Gewicht, eine Kraft großer Verwandlung.

Mögen Exerzitanten dies alles bedenken, mögen sie von solch theologischer Einsicht getröstet sein, so werden sie da, wo sie zur Beichte eingeladen werden, nicht einfach froh und freudig gestimmt. Zwar kennen sie den Wunsch durchaus, ihre Altlasten, alles, was bei ihnen im Leben schräg gelaufen ist, auszusprechen und abzulegen. Wo dies aber in einer Beichte konkret geschehen soll, überfallen sie doch wieder die alten Ängste, die Widerstände, die sie zögerlich machen.

Wo der Schritt zur Beichte jedoch gelingt, wo sich Exerzitanten das Wort der Vergebung laut zusprechen lassen, da kann – so die Hoffnung und die Erfahrung – größte Freude entstehen. Zu mächtig ist offensichtlich die Befreiung von der Last der Sünde, zu deutlich gerät das ins Herz, was eine Lossprechung bewirkt. Wo alles, was durch die Sünde beschwert wurde, weggenommen und getilgt wird, wo das Wort »Lass das meine Sache sein« im Herzen nachklingt, da wird die Freude übergroß. So etwas klingt im Wort des heiligen Paulus mit, wenn er schreibt: »Eins aber tue ich: Ich vergesse, was hinter mir liegt, und strecke mich aus nach dem, was vor mir liegt« (Phil 3,13).

Was doch ein Geständnis eigener Schuld, was doch noch viel mehr ein gehörtes Wort von Vergebung in uns bewirkt, das sagt Dietrich Bonhoeffer in klaren Worten:

> »Wo das Geständnis über die Lippen kommt, ist die letzte Festung der Selbstrechtfertigung preisgegeben. Der Sünder liefert sich aus, er gibt all sein Böses dahin, er gibt sein Herz Gott, und er findet die Vergebung aller seiner Sünden in der Gemeinschaft Jesu Christi und des Bruders. Die ausgesprochene, bekannte Sünde hat alle Macht verloren.«[26]

XV. IM GESPRÄCH MIT DEM GEKREUZIGTEN

Wie geht es in den Exerzitien weiter? – Wer betend hinter Jesus hergeht, wird eingeladen, den gemeinsam begonnenen Weg weiterzugehen. Es wird ein Weg des Kreuzes sein. Schon öfters ist in den vorausgehenden Betrachtungen darauf hingewiesen worden: »Wer mir nachfolgen will, der verleugne sich selbst, nehme sein Kreuz auf sich und folge mir nach« (Mk 8,34).

Jesus zieht alle, die Vertrauen zu ihm gefunden haben, ins Geheimnis seines Kreuzes. »Ich aber werde, wenn ich von der Erde erhöht bin, alle an mich ziehen« (Joh 12,32). Exerzitanten sind deshalb eingeladen, sich vor das Kreuz zu begeben. Jeder Einzelne bleibt dort stehen und lässt sich in ein Gespräch mit dem Gekreuzigten einziehen. Er spreche, so steht es im Exerzitienbuch, wie »ein Freund zu seinem Freund« oder wie »ein Diener zu seinem Herrn«, bringe »seine Dinge vor«, indem er bald »um eine Gnade, bald um einen Rat bittet« (EB 54).

Es sei dies ein »*colloquium misericordiae*«, ein Freundesgespräch, das von der großen Barmherzigkeit Jesu geprägt und ermöglicht ist. Alles darf und soll deshalb hier zur Sprache kommen. Alles, was den Beter bedrückt und quält, alle Lasten, die er mit sich trägt, alle Klagen und Anklagen, die ihn im Inneren quälen, dürfen hier zu Wort kommen.

1. Das Recht auf Klage

Wir alle verbinden uns mit dieser Klage vor dem gekreuzigten Jesus. Was uns ganz zuvorderst im Sinne und zuinnerst in unseren Gefühlen ist, findet in diesem Gespräch Raum. Angefangen von spontaner und urwüchsiger Abwehr, die mit unserem menschlichen Dasein gegeben ist. Unsere Aggressionen und Empörungen gegen das, was Leid und Schmach verursacht. Wir mögen es einfach nicht. Alles, was uns den Weg versperrt, Steine und Hindernisse, die uns in die Quere kommen, das alles erregt inneren Widerstand, Zorn und Ablehnung. Das darf nicht sein! Wir schieben so weit wie möglich alles auf die Seite, was quer oder gar feindlich ist, versuchen es zu umgehen, lassen uns in unserem Streben nach Glück und Harmonie nicht durcheinanderbringen. Was stört, wird verdrängt. In geradezu munterem Ton beschreibt Madeleine Delbrêl ihre spontane Abwehr gegen alle Kreuze und Leiden:

»Ich muss wohl unvollständig getauft worden sein, denn ich habe ... ein geradezu physisches Grauen vor dem Kreuz. Das läuft immer darauf hinaus, dass ich mich beim Herrn dafür entschuldige … aber nicht ohne ihm zuvor mit großem Nachdruck meine Empörung ausgedrückt zu haben.«[27]

Alles, was wehtat und bis heute noch wehtut, kann zur Sprache kommen, kann laut gesagt und geklagt werden. Warum? Warum ein solches Leben, warum solche Qualen und Verwundungen? Warum dieses ständige Durchkreuztwerden der eigenen Pläne und Wünsche, die Schläge des Schicksals, die so viel zunichtemachten? Ohne Grund, ohne Anlass! Warum diese vielen Entbehrungen, diese vielen kleinen Tode, die gestorben werden mussten, ohne dass dabei ein sichtbarer Sinn herausgesprungen wäre? Warum geschieht so viel Unrecht rund um uns herum und in der ganzen Welt? Warum dieser Krieg? Warum müssen so viele gemeinsam begonnene Wege auseinanderlaufen? Dieses Sich-fremd-Werden, die Distanzen und Abgrenzungen, die sich zwischen den Menschen bilden. Warum so viel Kälte, Interesselosigkeit, auch Bosheit?

Warum schließlich – so lassen sich die Fragen vor dem gekreuzigten Herrn fortsetzen – wurden wir auf unseren eingeschlagenen Wegen immer wieder gestoppt, weggezogen auf Wege, die wir nicht wollten und gegen die wir uns sträubten? Auch und gerade da, wo wir meinten, selbstlos zu sein, wir uns für die Nächsten und Ärmsten einsetzten, wo wir gar fest überzeugt waren, etwas für das Reich Gottes zu tun? So viel guter Wille, so viel Hoffnung, so viel Aufbruch, und doch umsonst! Immer neue Enttäuschungen, schließlich Trauer und Resignation. Wozu dies alles gut sein soll?

Ist solches Zerbrechen eigener und gut gemeinter Pläne ein Weg, auf dem wir gescheiter und klüger oder gar weise werden sollten? Oder vielleicht sogar der einzige Weg? Soll der Psalmist recht behalten, wenn er sagt: »Bevor mich Trübsal getroffen hat, wandelte ich in der Irre« (Ps 119,67)? Ist dies göttliche Pädagogik? Sind Demütigungen, Rückfälle, Blamagen, all die vielen Kreuze an unserem Wegesrand der göttliche Weg, um uns von unserer egoistischen Haltung zu befreien, zur Hingabe und Liebe zu führen? »Wen der Herr liebt, den weist er zurecht« (Spr 3,12). Werden wir nur so, durch dieses radikale Armwerden in »Wesen und Gestalt« Jesu ähnlich, so wie es Paulus im Galaterbrief formuliert: »Die aber Christus Jesu angehören, haben das Fleisch mit seinen Leidenschaften und Begierden gekreuzigt« (Gal 5,24)?

All diese Klagen dürfen vor dem Kreuz laut werden. Sie werden an diesem Ort nicht in einen stummen Himmel geschrien, werden nicht vor Sternen ausgeschüttet. Vielmehr werden sie von dem gehört, der solche Fragen aus eigenem Erleben kennt. Jesus, der am Kreuze hängt und stirbt. Er, »ein Mann von Schmerzen, leiderfahren« (Jes 53,3). Am eigenen Leib erfährt er, wie brutal

Menschen sein können, weiß aber auch, wie Menschen selber unter ihrer Bosheit leiden. Er stößt diese nicht von sich weg, sondern nimmt sie in sich auf, trägt sie mit, macht sie sich zu eigen. Weil er uns liebt, trägt er unser Klagen und unser Leid.

2. Seht, was die Liebe tut

Was in diesem Gespräch mit dem Gekreuzigten alles geschieht? Wo der klagende Beter sich an Jesus wie an einen Freund wendet, da bleibt er mit seinem Anliegen nicht allein. Sein Klagen ist nicht ein Schrei ins Leere, bleibt nicht ohne Ziel und ohne Adressat. Der Betende beginnt daran zu glauben, ja erfährt es im Vollzug des Betens selbst, dass er mit all seinem Elend hier in der Barmherzigkeit Jesu verstanden und angenommen ist. Die vorgebrachten Klagen sind Jesus nicht fremd. Sie sind ihm alle und bis in ihre Tiefe aus dem eigenen Leben bekannt. Wer mit Jesus am Kreuz in ein Gespräch kommt, der begegnet jemandem, der nicht bloß alles versteht, was ihm anvertraut wird, sondern jemandem, der selbst teilnimmt und mitleidet. Es schmerzt ihn, was uns wehtut. In seine große Wunde der Liebe werden unsere Wunden geborgen.

Große Gnade ist es, wenn dem Betenden etwas von der Größe und Einzigartigkeit jener Liebe aufgeht, von der er hier umfangen ist. Was ihm offenbar wird, übersteigt alles, was er bis jetzt erlebt hat und was er kennt. Die Liebe, die Anteilnahme an seinem Geschick, das Mitleiden ist für ihn einfach unfassbar. Wie soll er fähig werden, »die Breite und Länge, die Höhe und Tiefe zu ermessen und die Liebe Christi zu erkennen, die alle Erkenntnis übersteigt« (Eph 3,18–19).

Besser noch werden wir die Größe dieser Liebe erahnen, wo wir sie mit andern Formen der Selbsthingabe vergleichen. Immer wieder kam es in der Geschichte vor, dass Menschen ihr Leben hingegeben haben, sei es für eine gerechte Sache, für das Vaterland oder überhaupt für eine große Idee. Ja, es gibt Beispiele von Selbstopferung, wo Menschen für einen andern in den Tod gehen, um stellvertretend sein Leben zu retten wie etwa bei Maximilian Kolbe. Oder wie es der heilige Paulus ähnlich formuliert: »Schwerlich stirbt jemand für einen Gerechten; höchstens entschließt sich einer, für einen Guten zu sterben« (Röm 5,7).

Was jedoch außerhalb jeder Vernunft sei, was im Unterschied zu allen vorstellbaren Rettungsmöglichkeiten steht, das ist das, was Jesus für uns getan hat: Er gibt sein Leben nicht nur für eine gute Sache, nicht nur für Freunde, sondern für Feinde. Er hat uns geliebt, ist für uns gestorben, als wir noch »schwach und gottlos« ihm feindlich gesinnt waren. Wörtlich heißt es: »Gott aber beweist seine Liebe zu uns darin, dass Christus für uns gestorben ist, als wir noch Sünder waren« (Röm 5,8).

> Als wir noch Sünder waren! Das ist Ausdruck davon, dass wir eben nicht jene waren, die vieles und Gutes vorzuweisen hatten, die gerecht und besonders liebenswert waren, solche also, für die jemand leichter und vielleicht sogar gerne in den Tod hätte gehen können. Vielmehr ist Jesus trotz oder geradezu wegen dieser hässlichen Dinge für uns gestorben. Es waren nicht unsere spontanen Sympathien, nicht unsere liebenswürdigen Seiten, die diesen Tod motiviert haben, sondern unsere Achtlosigkeit, unsere Lieblosigkeit, unser böser Wille.

Christi Tod ist in diesem Zeugnis einzig! Große Gnade ist es für alle, die hier vor dem Kreuz beten, wenn ihnen etwas von der Einmaligkeit dieser Liebe aufgeht, wenn sie dadurch in Staunen und Dankbarkeit geraten. So wird das Kreuz nicht zuerst ein Zeichen eines Martertodes, sondern größtmögliche Offenbarung einer unendlichen Liebe. Das ist die Antwort auf alles Klagen.

Wenn Betende all das vor dem Gekreuzigten erwägen, kann ihnen klar werden, dass sie mit ihrem Glauben an Jesus auf dem richtigen Wege sind. Sie werden innerlich versichert, dass sie gut daran tun, all ihr Vertrauen auf diese Person zu setzen und darin den Sinn des Lebens zu sehen. Die Glaubwürdigkeit dessen, was durch Jesus getan wurde, ist groß und unübertrefflich. Sie besteht die Probe jeden Vergleichs. »Glaubhaft ist nur die Liebe«, so heißt ein schönes Wort von Blaise Pascal. Wir fügen hinzu: Erst recht solche Liebe, die wir persönlich erfahren und die im Vergleich mit andern Weisen zu lieben alles übertrifft. Hier liegt der Grund unserer Hoffnung. Hier ist eine Liebe, die Vertrauen verdient. Der heilige Paulus bekennt es kurz: »Ich weiß, auf wen ich mein Vertrauen gesetzt habe« (2 Tim 1,12).

3. Wo sich's kreuzt, da klingt's

Im Gespräch mit dem gekreuzigten Herrn wird dem Betenden deutlich, von welch überwältigender Liebe er umfangen ist und welcher Preis bezahlt wurde, damit er von seiner Sünde und Lieblosigkeit befreit wird. Die Frage, wie er auf eine solche Erfahrung antwortet, erhebt sich quasi wie von selbst. Zu klar wird ihm, dass bloßes Zur-Kenntnis-Nehmen solcher Liebe nicht genügt, auch nicht eigentlich ein schnelles Dankesagen. Liebe will mit Gegenliebe beantwortet werden. Je inniger er sich von der Liebe des Gekreuzigten treffen lässt, umso tiefer wird der Wunsch, ähnlich wie Jesus Leid und Konflikte zu ertragen. Wer sich so von seinem Freund und Gefährten angesprochen weiß, will ein Mitliebender werden, auch da, wo es gilt, das tägliche Kreuz auf sich zu nehmen.

Deshalb beginnen wir mit den Exerzitanten zu beten, unser Blick auf alles Leid möge sich im Sinne Jesu klären. Wir möchten fähig werden, das, was ihn schmerzt und worüber er klagt, anzunehmen und zu bejahen. Und zwar nicht nur die kleinen Wehwehchen, sondern jede Form von Leid, wie immer dieses aussehen mag! Angefangen bei den Schmerzen und Hindernissen, die uns der eigene Leib zumutet, bis hin zu den Widrigkeiten und Reibereien, die uns aus dem Zusammenleben bekannt sind. Leid gehört zu jedem Leben, gerade auch zu einem Leben des Glaubens. Niemandem bleibt es unbekannt. Unsere Pläne und Vorhaben mögen noch so vernünftig und gut gemeint sein, sie werden sehr oft durchkreuzt oder auch direkt zu Fall gebracht. Wie oft sind wir gezwungen, den Kürzeren zu ziehen, werden ungerecht behandelt oder überhaupt übersehen. Gut Gemeintes bleibt ohne Echo.

Große Gnade ist es, wenn wir da, wo immer wir zurückgesetzt und gedemütigt werden, nicht mit Ärger und Zorn reagieren, wie sehr dies als erste Reaktion normal und verständlich ist. Aber näher betrachtet, d. h. im Glauben und Gebet überlegt, sind solche Erfahrungen auf dem Weg mit Jesus nicht einfach Fakten, die ärgerlich sind und mit denen wir uns arrangieren müssen, nicht etwas, das nicht geschehen darf. Sie sind auf dem Weg der Nachfolge Jesu nicht Missverständnisse, nein, sie gehören dazu, sind vorausgesagt, sind ganz konkrete Schritte, um Jesus näherzukommen. So wie es im 1. Petrusbrief heißt: »Geliebte, seid nicht befremdet über die Feuersglut, die zu euerer Prüfung über euch gekommen ist, als ob euch etwas Außergewöhnliches widerfahre. Freut euch vielmehr, dass ihr an den Leiden Christi teilhabt, damit ihr euch auch bei der Offenbarung seiner Herrlichkeit voller Jubel freuen könnt« (4,12–13).

Der Wunsch, so zu lieben wie er, zeigt seine Echtheit gerade darin, dass wir bereit sind, da, wo es konkret wird, Demütigungen und Unrecht ohne Wehleidigkeit zu ertragen. Beim heiligen Paulus steht es deutlich: »Ich will mich also viel lieber meiner Schwach-

> heiten rühmen, damit die Kraft Christi bei mir Wohnung nimmt. Darum habe ich Gefallen an meinen Schwachheiten, an Schmähungen, Notlagen, Verfolgungen und Bedrängnissen um Christi willen; denn wenn ich schwach bin, dann bin ich stark« (2 Kor 12,9–10).

Überdeutlich wird diese Gnade erst da, wo das Gebet uns dazu befähigt, solche Demütigungen nicht nur zu schlucken und uns ihnen zu beugen, sondern sie freundlich anzunehmen und zu bejahen. Klar: nicht aus einem masochistischen Vergnügen an dem, was schmerzt und wehtut, aus einer ungeordneten Verliebtheit zum Leiden (es gibt ja auch eine Faszination des Negativen!) oder einer falsch verstandenen Opfermentalität heraus. Nein, einzig aus dem lebendigen Wunsch, dadurch dem kreuztragenden Jesus ähnlicher zu werden.

Leid freundlich annehmen! Welch paradoxer, ja scheinbar widersprüchlicher Grundsatz. Woher nehmen wir die Kraft zu solchem Verhalten? Wie soll es möglich werden, dass sich unsere instinktive Abwehr gegen alles Leid in Freundlichkeit verwandelt? Es ist nicht allein mit einer charakterlichen Veranlagung zu klären, die allen Ereignissen, auch negativen, etwas Positives abgewinnen kann. Was Leid annehmen lässt, ist der Glaube an Jesus, dem Gekreuzigten, der alles Leid mit seiner Liebe überwunden hat. Er lässt uns teilnehmen an seiner Kraft, die uns in ein freundliches Verhältnis zu allem setzt, was wehtut. Ganz deutlich wird dies, wo der heilige Paulus davon spricht, wie er die Todesleiden Jesu an seinem Leibe trägt. Dies befähigt ihn, inmitten großer Bedrängnis nicht nur nicht unterzugehen, sondern sie in großer Freiheit zu tragen. »In allem sind wir bedrängt, aber nicht erdrückt, im Zweifel, aber nicht in Verzweiflung, verfolgt, aber nicht verlassen, zu Boden geworfen, aber nicht zugrunde gerichtet. Allzeit tragen wir das Todesleiden Jesu an unserem Leib, damit auch das Leben Jesu an unserem Leib sichtbar wird« (2 Kor 4,8–10).

Das Beispiel, wie es der heilige Paulus formuliert, ist unübertrefflich. Wo immer es gläubigen Menschen gelingt, leidvolle Situationen zu bejahen, da fließt eine Kraft des Heiligen Geistes in ihr Herz. Es bleibt eine Erfahrung der Gnade, wo uns so etwas scheinbar Unmögliches gelingt. Einmal mehr ist es Karl Rahner, der uns hilft, dies zu verstehen. So formuliert er in eindringlichen Fragen: »Haben wir schon einmal geschwiegen, obwohl wir uns verteidigen wollten, obwohl wir ungerecht behandelt wurden? Haben wir schon einmal verziehen, obwohl wir keinen Lohn dafür erhielten und man das schweigende Verzeihen als selbstverständlich annahm? Haben wir schon einmal gehorcht, nicht weil wir mussten und sonst Unannehmlichkeiten gehabt hätten, sondern bloß wegen jenes Geheimnisvollen, Schweigenden, Unfassbaren, das wir Gott und seinen Willen nennen? Haben wir schon einmal geopfert ohne Dank, Anerkennung, selbst ohne das Gefühl einer inneren Befriedigung? Waren wir schon einmal restlos einsam? Haben wir uns schon einmal zu etwas entschieden, rein aus dem innersten Spruch unseres Gewissens heraus, dort, wo man es niemand mehr sagen, niemand mehr klarmachen kann, wo man ganz einsam ist und weiß, dass man eine Entscheidung fällt, die niemand einem abnimmt, die man für immer und ewig zu verantworten hat? Haben wir schon einmal versucht, Gott zu lieben, dort, wo keine Welle einer gefühlvollen Begeisterung einen mehr trägt, wo man sich und seinen Lebensdrang nicht mehr mit Gott verwechseln kann, dort, wo man meint zu sterben an solcher Liebe, wo sie erscheint wie der Tod und die absolute Verneinung, dort, wo man scheinbar ins Leere und gänzlich Unerhörte zu rufen scheint, dort, wo es wie ein entsetzlicher Sprung ins Bodenlose aussieht, dort, wo alles ungreifbar und scheinbar sinnlos zu werden scheint? Haben wir einmal eine Pflicht getan, wo man sie scheinbar nur tun kann mit dem verbrennenden Gefühl, sich wirklich selbst zu verleugnen und auszustreichen, wo man sie scheinbar nur tun kann, indem man eine entsetzliche Dummheit tut, die einem niemand dankt? Waren wir einmal gut zu einem Menschen, von dem kein Echo der Dankbarkeit und des Verständnisses zurückkommt und wir auch nicht durch das Gefühl belohnt werden, ›selbstlos‹, anständig usw. gewesen zu sein?«[28]

Eine Gnade sei es, so macht der Text von Karl Rahner deutlich, wo es uns geschenkt wird, auch dort in der Liebe zu bleiben, wo kein hörbares Echo zu vernehmen ist. Es sei ein Wirken des Heiligen Geistes. Wo immer uns dies gelingt, dass unser Herz nicht müde wird, wo es Undankbarkeit erfährt, es sich nicht verschließt, wo Gleichgültigkeit ihm entgegenkommt. Überhaupt da, wo leidvolle Situationen ohne Murren innerlich angenommen werden, da kann es sich nur um jene Liebe handeln, die uns im Heiligen Geist geschenkt ist, »weil die Liebe Gottes in unsere Herzen ausgegossen ist durch den Heiligen Geist, der uns gegeben ist« (Röm 5,5). – »Die Liebe hört niemals auf« (1 Kor 13,8). Sie erträgt alles.

XVI. GROSSE WENDE ZUM AUFERSTANDENEN HERRN

»Maria! Da wandte sie sich um und sagte auf Hebräisch zu ihm: Rabbuni!, das heißt: Meister« (EÜ Joh 20,16).

Seit Beginn der Exerzitien ist das Thema von der Umkehr ein leitender Faden. Es ist ein Programm, das auf die Wege Jesu führt, von Anfang bis Ende. Deshalb münden alle vorausgehenden Schritte der Umkehr in die Begegnung mit dem Auferstandenen. Auf ihn hin werden alle Blicke gelenkt. In der Begegnung mit ihm wird klar, wo alle kleinen und größeren Schritte der Bekehrung hinführen. Alle münden in die große Umkehr zum auferstandenen Christus. Das Gespräch mit dem barmherzigen Jesus am Kreuz vollendet sich im Gespräch mit dem Auferstandenen. In ihm liegt Absicht und Gelingen aller Bekehrung. »Ist aber Christus nicht auferweckt worden, dann ist euer Glaube unsinnig, dann seid ihr noch in eueren Sünden« (1 Kor 15,17).

1. Mit dem eigenen Namen gerufen werden

Überaus deutlich wird diese letzte Umkehr in der Begegnung von Maria von Magdala mit dem Auferstandenen, wie sie uns im Evangelium von Johannes berichtet wird:

> »Maria aber stand draußen vor dem Grab und weinte. Während sie weinte, beugte sie sich in das Grab vor und sah zwei weiß gekleidete Engel dasitzen, einen am Kopfende und einen am Fußende der Stelle, wo der Leichnam Jesu gelegen hatte. Sie sagten zu ihr: Frau, warum weinst du? Sie antwortete ihnen: Weil man meinen Herrn weggenommen hat, und ich weiß nicht, wohin man ihn gelegt hat. Nach diesen Worten wandte sie sich um und sah Jesus dastehen, wusste aber nicht, dass es Jesus war. Jesus sagte zu ihr: Frau, warum weinst du? Wen suchst du? Sie meinte, es sei der Gärtner, und sagte zu ihm: Herr, wenn du ihn fortgetragen hast, sag mir, wohin du ihn gelegt hast. Dann werde ich ihn holen. Jesus sagte zu ihr: Maria! Da erkannte sie ihn und sagte auf Hebräisch zu ihm: Rabbuni!, das heißt: Meister. Jesus sagte zu ihr: Halte mich nicht fest; denn ich bin noch nicht zum Vater hinaufgegangen. Geh aber zu den Brüdern und sag ihnen: Ich gehe hinauf zu meinem Vater und euerem Vater, meinem Gott und euerem Gott. Maria aus Magdala ging zu den Jüngern und

verkündigte ihnen: Ich habe den Herrn gesehen, und dies habe er ihr gesagt« (Joh 20,11–18).

Schon eine erste Wahrnehmung macht deutlich, dass das, was hier berichtet und geschrieben ist, als eine große Wende gesehen werden kann. Zweimal ist im Text erwähnt, dass Maria von Magdala sich umwendet (Vers 14 und 16). Das erste Mal geschieht es, wie sie Jesus sucht und sich umschaut, ihn zwar sieht, aber nicht erkennt; sie meint, es sei ein Gärtner, der zufällig wissen könnte, wohin man den Leichnam Jesu gelegt hätte. Das zweite Mal, dass sich Maria umwendet, geschieht es, wie sie ihren Namen hört. Sie reagiert auf eine Stimme, die ihr vertraut ist und doch neu klingt. Sie ist überrascht, dreht sich um, erkennt sofort, wer es ist: Rabbuni, das heißt Meister!

Ein neues Sich-Umdrehen. Nicht bloß äußerlich mit dem Körper, sondern mit Leib und Seele. Zu groß ist die Überraschung, zu groß aber auch die Freude darüber, mit dem Namen angesprochen zu werden. So persönlich, so wie es aus dem Mund des Auferstandenen kommt, hat noch nie jemand ihren Namen ausgesprochen. So klar, so frei von Nebentönen, ohne Zweideutigkeit, ohne jedes Begehren, ganz anders, als sie es von früher gewohnt war. Sie weiß sich verstanden, gemeint und geliebt, in ihrem ganzen Personsein. Als geliebtes Geschöpf, als erlöstes Kind Gottes, das dadurch von jeder Angst befreit wird. »Fürchte dich nicht; denn ich habe dich ausgelöst und rufe dich beim Namen, mein bist du« (Jes 43,1).

Was gibt es Tröstlicheres, als vom auferstandenen Jesus mit eigenem Namen angesprochen und damit in seine Gemeinschaft aufgenommen zu werden! Das ist Ermutigung, ist Stärkung, die über vieles, wenn nicht über alles hinweghilft. Erkanntsein und Dazugehören.

Maria von Magdala wird dadurch nicht einfach vertröstet. Es wird ihr nicht einfach gut zugeredet: »Kopf hoch, Maria! Das Leben geht weiter.« Nein, das Leben geht nicht einfach weiter, geht nicht so weiter wie bisher, nicht im gleichen Sinne. Zu einschneidend ist dieser Augenblick, in dem sie von demjenigen angesprochen wird, den sie für gestorben hielt.

2. Osteraugen, die mehr sehen

Die Kehrtwendung von Maria von Magdala ist total und umfassend. Sie ist eine Wende ihres ganzen Lebens, verändert die Richtung und den Inhalt. Nichts bleibt ausgeschlossen von dieser Umkehr. Alles dreht sich, alles bewegt sich, alles öffnet sich, ihre Person, ihr Gesicht, ihre Augen. Maria von Magdala beginnt, anders und mehr zu sehen. Was noch dunkel ist, erscheint jetzt in einem neuen Licht. Was sinnlos ist, bekommt eine Zukunft. Nichts ist so, wie es war, nichts einfach umsonst, nichts vergeblich. Noch in den verborgenen Winkeln von Trauer zeigt sich ein Anfang von Freude, noch in Situationen, wo nichts mehr zu gehen scheint, gibt es verborgene Auswege. Unter jeder Asche zeigt sich eine verborgene Glut. Alles, was das Leben ausmacht, wird durch die Auferstehung Jesu eingefügt in eine große göttliche Sinnordnung, bekommt eine Zukunft, eine Hoffnung, eine Aufgabe.

Das Bild von Sieger Köder zeigt deutlich: Vom auferstandenen Jesus, der sich Maria zu erkennen gibt, geht ein Licht aus, das auf ihre Person, auf ihr Gesicht und ihr Gewand, aber auch auf alles, was rechts und links von ihr liegt, fällt, auf die Steinplatten der umliegenden Gräber, wo der Name von Jesus eingeritzt ist. Es macht die Rosen sichtbar, die inmitten der Steine blühen, lässt herumstehende Kreuze in einem anderen Licht erscheinen, dringt durch alle Mauerritzen. Alles, alle Zeugnisse von gestorbenem Leben, alle Verfallenheit, alle Zeichen von Tod werden von diesem Licht, das vom auferstandenen Jesus ausgeht, angestrahlt.

Das Licht setzt sich siegreich in allem durch. Eine Strophe aus dem Osterhymnus fasst es etwa so zusammen: »Der Morgen rötet sich und glüht, der ganze Himmel tönt vom Lob. In Jubel jauchzt die Erde auf und klagend stöhnt die Unterwelt.«

Es ist ein überwältigender Sinnoptimismus, der durch die Auferstehung Jesu offenbar wird. Alles, was besteht, und alles, was uns begegnet, wird von einem inneren Licht berührt, gerät in eine Bewegung der Hoffnung. Wer sich solch gläubiger Sichtweise öffnet, dem ist der Wunsch nach Osteraugen, wie es Klaus Hemmerle formuliert, nicht fremd:

»Ich wünsche uns Osteraugen,
die im Tod bis zum Leben,
in der Schuld bis zur Vergebung,
in der Trennung bis zur Einheit,
in den Wunden bis zur Herrlichkeit,
im Menschen bis zu Gott,
in Gott bis zum Menschen,
im Ich bis zum Du
zu sehen vermögen.
Und dazu alle österliche Kraft.«[29]

Dieser Wunsch nach Osteraugen, wie er hier ausgesprochen wird, kann für die Exerzitanten ein guter Anfang und Einstieg in die Meditation sein. Sie sind eingeladen, dem Auferstandenen entgegenzugehen. Nicht einfach mit dem, was sie haben und was sie beschäftigt, sondern auch mit dem, was sie in sich als Wunsch lebendig haben. Was könnte dies anderes sein, als dass die Klagen, die sie vor dem gekreuzigten Jesus ausgesprochen haben, gehört würden, dass seine Schmerzen und Leiden nicht einfach brutale Fakten bleiben und das letzte Wort haben. Sie wünschen sich Augen, die sich öffnen und sie befähigen, die verborgene Hoffnung, die in allen Dingen ist, zu sehen.

3. Freude, dem Auferstandenen zu begegnen

Beten ist eine »Interpretation der Hoffnung« (Thomas von Aquin). Dieser Satz gewinnt in der Betrachtung der Ostergeheimnisse ein besonderes Gewicht. Je tiefer nämlich die Exerzitanten sich auf die Begegnung mit dem Auferstandenen einlassen, umso deutlicher und klarer wird ihnen, zu welch großer Hoffnung sie berufen sind. Sie beginnen zu ahnen und auch zu begreifen, wie es in der Auferstehung Jesus begründet ist, dass alles, was geschaffen ist, in eine universale Bewegung der Hoffnung gerät.

Alles, was uns begegnet, hat etwas Gutes an sich, kann deshalb gut werden, weil der Auferstandene in der Schöpfung lebendig ist. Wo diese Einsicht im Gebet wächst, da entsteht große Zuversicht und Freude. Ganz allgemein gilt schon: Wo uns etwas aufgeht, wir etwas entdecken und einsehen, da fühlen wir uns erleichtert, hebt sich die Stimmung, stellt sich Freude ein. Und erst recht da, wo uns die Einsicht geschenkt wird, dass alles, was ist, gut werden kann.

Nun wissen wir gut genug, dass diese freudige Grundstimmung nicht unerschütterlich ist. Zu viel an unvorhergesehenen traurigen Ereignissen, an inneren und äußeren Störungen und Einbrüchen können sie mindern und durcheinanderbringen. Auch da, wo wir im Innersten wissen und glauben, dass alles, was uns begegnet, von einem göttlichen Sinn durchdrungen und geleitet ist, bleiben wir mitten im Leid und mitten unter leidenden Menschen. Wir brauchen dabei nicht so tun, als ob uns Trauer und Angst nicht berühren würden, ja im Innersten nicht erschüttern könnten. Wir müssen nicht die Zuversichtlichen spielen, brauchen nicht gute Miene zu viel bösem Spiel machen. »Ein engagierter Christ ist grundsätzlich nicht froher und nicht trauriger als ein anderer Mensch, seine Freude und Trauer sind nur tiefer und intensiver« (Bernhardin Schellenberger).

Wie eben gesagt: Die freudige Grundstimmung, die eine Frucht langen Gebetes ist, ist nicht einfach ein gesicherter seelischer Zustand. Gewiss ist sie ein Geschenk des Heiligen Geistes, das dem Beter versprochen ist. Aber dieses Geschenk eines österlichen Blicks, einer freudigen Zustimmung, muss auch immer wieder empfangen werden. Wie dies geschehen kann und was wir dazu beitragen können? Alles, was erfreut und erhält, soll zur Hilfe genommen werden, ein paar Klänge guter Musik, ein schön vertrautes Bild, aber auch, wie Ignatius hinzufügt, die Annehmlichkeiten der jeweiligen Jahreszeit, die unserem Leib (und dadurch auch unserer Seele) guttun, »so im Frühling und Sommer die erfrischende Kühle, im Winter Sonnenschein oder Wärme des Feuers, soweit die Seele meint oder vermutet, es könnte ihr dienen, um sich in ihrem Schöpfer und Erlöser zu erfreuen« (EB 29). Was immer wir aus eigener Initiative beitragen können, um in uns die Freude zu erhalten, in ihrem Zentrum steht die direkte und zentrale Bitte »um die Gnade, mich intensiv zu freuen und fröhlich zu sein über die so große Herrlichkeit und Freude Christi unseres Herrn« (EB 221). Die Freude ist eine Folge davon, dem auferstandenen Christus zu begegnen, sie ist aber auch ein ursprüngliches Geschenk, das Jesus uns selbst macht, wenn er sagt: Ich will, dass »meine Freude in euch ist und euere Freude vollkommen wird« (Joh 15,11).

Die Exerzitanten bereiten sich im Gebet vor, diese große Freude zu empfangen. Sie lassen in sich die Botschaft wach und lebendig werden, dass alles, was ihnen jetzt begegnet, etwas Gutes, etwas Hoffnungsvolles mit sich bringt. Was können sie sich mehr wünschen, als dass diese neue Einsicht sie ganz erfülle und bei ihnen bleibe, dass derjenige, der sie ihnen bringt, Jesus, der Auferstandene, immer gegenwärtig werde. So wie Maria von Magdala! So wie sie, die sich vor dem Auferstandenen niederwerfen und ihn festhalten möchte, wird auch der einzelne Exerzitant korrigiert und angewiesen: »Halte mich nicht fest.« Noch ist nicht die Zeit des Umarmens und Festhaltens, nicht die Zeit zärtlicher Nähe, sondern die Zeit des Glaubens. Zeit eines innerlich geschenkten Wissens darum, dass alles, was einem geschehen kann, gut ausgehen wird. Eine Botschaft, die Hoffnung mit sich bringt und die es deshalb wert ist, weitergesagt zu werden. So wird Maria von Magdala beauftragt: Geh zu meinen Brüdern und sag ihnen: Ich habe den Herrn gesehen!

XVII. IN DIE KIRCHE – MIT ZÖGERLICHEM VERTRAUEN!

Wo immer Exerzitien gemacht werden und gelingen, da werden ihre Teilnehmer im Glauben wie auch in ihren Hoffnungen gestärkt. Sie lernen in ihrem Gebet immer besser zu verstehen, um was es denn in ihrem persönlichen Glauben eigentlich geht. Ihr Blick, ihre innere Sehweise wird heller und wird hoffnungsvoller. Alles, was auf sie zukommt, was ihr Leben, ihr individuelles und gemeinschaftliches, ausmacht, erscheint im Lichte der Auferstehung Jesu. Alles! Dazu gehört nicht unwesentlich auch die Kirche in ihrem aktuellen Aussehen.

1. Weggehen oder Zusammenbleiben?

So gehen die Exerzitanten am Ende ihrer Gebetstage auf die Kirche zu. Sie haben Fragen, wie und wo sie in der konkreten Kirche ihren Platz finden werden. Sie haben aber auch Fragen an die Kirche selbst. Ist sie wirklich der Ort, wo sie ihren Glauben leben sollen, wo sie sich engagieren und eine Aufgabe finden? Ist sie der Ort, an dem sie atmen und sich wohlfühlen? – Dies alles soll mit der bekannten Ostergeschichte überlegt werden, in der nicht weniges vom aktuellen Zustand der heutigen Kirche offenbar wird.

»Danach offenbarte sich Jesus den Jüngern am See von Tiberias noch einmal. Er offenbarte sich in folgender Weise: Simon Petrus und Thomas, Zwilling genannt, ferner Natanaël aus Kana in Galiläa und die Söhne des Zebedäus sowie noch zwei andere von seinen Jüngern waren beisammen. Simon Petrus sagte zu ihnen: Ich gehe fischen. Sie sagten zu ihm: Wir gehen auch mit dir. Sie gingen hinaus und stiegen in das Boot. Aber in jener Nacht fingen sie nichts. Als es schon Morgen wurde, stand Jesus am Ufer. Die Jünger merkten jedoch nicht, dass es Jesus war. Jesus sagte zu ihnen: Kinder, habt ihr nichts zu essen? Sie antworteten ihm: Nein. Da sagte er zu ihnen: Werft das Netz auf der rechten Seite des Bootes aus; dann werdet ihr etwas fangen. Da warfen sie es aus und konnten es wegen der Menge der Fische nicht mehr ziehen. Da sagte jener Jünger, den Jesus liebte, zu Petrus: Es ist der Herr! Sobald Simon Petrus hörte, dass es der Herr sei, gürtete er sich das Obergewand um – er war nämlich nackt – und sprang in den See. Die anderen Jünger aber kamen mit dem Boot – denn sie waren nicht weit vom Land entfernt, nur etwa zweihundert Ellen – und schleppten das Netz mit den Fischen hinter sich her. Als sie ans Land gestiegen waren, sahen sie am Boden ein Kohlenfeuer und Fisch darauf und Brot. Jesus sagte zu ihnen: Bringt von den Fischen, die ihr gerade gefangen habt. Da stieg Petrus hinauf und zog das Netz ans Land, das mit großen Fischen gefüllt war, einhundertdreiundfünfzig Stück; und obwohl es so viele waren, riss das Netz nicht. Jesus sagte zu ihnen: Kommt, nehmt das Frühmahl ein! Keiner von den Jüngern wagte ihn zu fragen: Wer bist du? Sie wussten ja, dass es der Herr war. Jesus trat hinzu, nahm das Brot und gab es ihnen, ebenso den Fisch« (Joh 21,1–13).

Betrachten wir die Ausgangslage dieser Geschichte. Die Ankündigung, mit der Petrus seine Mitapostel zum Fischen einlädt, ist klar, vielleicht sogar um eine Nuance zu entschieden. Er gibt sich ganz sachlich, wendet sich fast reflexartig seinem früheren Beruf zu. »Ich gehe fischen!« Zurück zum alten Beruf, zur Fischerei, zu den Booten, den Seen. Das ist die Luft, die er gerne atmet, die vertraute Umgebung, welche die Enttäuschung vergessen lässt. Zu stark nämlich lastet noch das Scheitern seines Freundes Jesus auf ihm, zu deutlich noch die schlechte Figur, die er im Ganzen gemacht hat, seine Flucht, sein Fernbleiben, sein Verrat. Weg von hier, zurück zu vertrauten Gestaden! – So denkt er sich.

Ich gehe fischen! Was da in diesem Worte alles mitschwingt? Klar ist, dass es vor allem Enttäuschungen sind, die Petrus zu seinem früheren Beruf zurücktreiben. Er will sein Leben wieder in die eigene Hand nehmen, damit Ruhe und Ordnung einkehren.

Hat er denn wirklich alles vergessen, was er mit Jesus gelebt hat? Waren die drei Jahre, in denen er mit ihm auf dem Wege war, einfach eine kleine Episode, eine Unterbrechung, die er ohne Schaden wieder vergessen kann? Waren es nicht Zeiten, wo er viel empfangen und viel gelernt hat? War nicht er es selbst, der zu Jesus auf dem Wasser gehen konnte, der so großes Vertrauen in ihn fand, dass da keine andere Zukunft mehr denkbar war? Wo sollte es denn für ihn einen besseren Weg geben als den, den Jesus mit ihm und den Aposteln begonnen hat? Er sagt es selbst, bekennt es öffentlich: »Herr, zu wem sollen wir gehen? Du hast Worte des ewigen Lebens« (Joh 6,68).

All das mögen die Exerzitanten, die mit der Frage nach ihrer Zugehörigkeit zur konkreten Kirche beschäftigt sind, bedenken. Ihnen selbst mag unter Umständen klar werden, wie ihr eigener Glaube schwach und gefährdet ist. Auch sie kennen die Versuchung, sich zurückzuziehen und wegzulaufen, wissen, was »innere Emigration aus der Kirche« bedeutet, müssen mit dieser Versuchung zurechtkommen.

2. Leere Netze – schlechte Stimmung

Die sieben Apostel mit Petrus an der Spitze gehen zurück zu ihrem früheren Beruf. Es ist ganz offensichtlich eine Flucht, von der sie erhoffen, von ihren Enttäuschungen frei zu werden. Aber welche Überraschung da auf sie wartet! – Sie, die erfahrenen und professionellen Fischer besteigen das Boot und werfen die Netze aus. Nach alter Manier, wie gewohnt! Und siehe da: Die Netze bleiben leer, und zwar ganz leer. *Non parum, sed nihil*, nicht wenig, sondern nichts, wie der heilige Augustinus unterstreicht. Nicht einfach Berufspech, Missgeschick, sondern ein Desaster, das nicht zu verstehen ist. Man spürt die schlechte Verfassung und Stimmung der ganzen Gruppe. Auf die freundlich gemeinte Frage: »Kinder, habt ihr nichts zu essen?«, wird kurz, geradezu abweisend geantwortet: »Nein.«

»Aber in jener Nacht fingen sie nichts.« So sachlich dieser Misserfolg festgestellt wird, so verborgen ist die Schwierigkeit, die hinter diesem Satz steht. Es ist wohl nicht bloß der Berufsstolz, der verletzt ist. Gewiss bleibt es ärgerlich, wenn einem im eigenen Beruf der gewohnte Erfolg ausbleibt. Damit jedoch kann man zurechtkommen, auch wenn man es nicht versteht und man den Kopf schüttelt. Was jedoch diesen sieben Aposteln zu schaffen macht, ist nicht die Unerklärlichkeit dieser leeren Boote, sondern die Schwierigkeit, so etwas einzugestehen. Zuzugeben, dass man beruflich einfach leer ausgegangen ist, das ist keine leichte Sache. Es erzeugt vorerst Beschämung, greift aber schnell an den Kern des Selbstvertrauens. Wo soll man die Kraft hernehmen, sich ohne Selbstzweifel vor sich und vor den andern mit leeren Händen zu zeigen?

Dazu ist ein Detail in der Geschichte vom Fischfang erhellend und tröstlich. Die Apostel, die ratlos vor ihren leeren Booten stehen, werden von Jesus, den sie noch nicht erkennen, mit dem

Kosenamen »Kinder!« angesprochen. Es ist dies eine vertraute Anrede, in der eine besondere Hochschätzung, ja eine zärtliche Liebe mitschwingt. Sie macht den Aposteln, die erfolglos und bekümmert sind, klar, dass sie deshalb nicht weniger geliebt sind. Sie bleiben auch mit leeren Booten Freunde und Gefährten Jesu, sind geliebt, eben wie Kinder.

Die Anrede als Kinder gehört zur Sondersprache des Evangelisten Johannes. Sie ist deshalb nicht ungewohnt, hier aber doch überraschend, ja geradezu wichtig! Es versteht sich von selbst, dass mit dem Gebrauch dieses Wortes »Kinder« erwachsene Personen nicht etwa verniedlicht oder nicht ganz ernst genommen werden, sie als kindlich oder gar kindisch betrachtet würden.

Überraschend, ja notwendig ist dieses Wort hier deshalb, weil den Aposteln dadurch geholfen wird, sich mit ihren leeren Booten nicht schämen zu müssen. In der Anrede als »Kinder« wird ihnen eine Brücke zu diesem Geständnis gebaut. Denn nur Kindern ist es möglich, leere, ja sogar schmutzige Hände zu zeigen, ohne Gefühle der Minderwertigkeit zu bekommen. Sie wissen sich weiterhin und selbstverständlich geliebt, auch wenn sie ohne sichtbare Leistung da sind. – So auch die Apostel: Auch mit leeren Booten bleiben sie für Jesus seine Gefährten, seine Freunde, die wie Kinder geliebt sind.

Wenn nun Exerzitanten, die nach ihrem Platz in der Kirche Ausschau halten, diese Stelle betrachten, was geht ihnen da durch Kopf und Herz? Unmittelbar und schnell werden sie erkennen, wie sich in den leeren Netzen eine bittere Realität heutiger Kirche spiegelt: »Die ganze Nacht haben wir uns abgemüht und nichts gefangen!« Das ist durchaus gängige Mode, wie in der heutigen Kirche geklagt wird. Nicht nur gehen heute keine Fische in die Netze. Diejenigen, die drinnen sind, schwimmen noch davon. Verluste, Rückschläge noch und noch. Solche zu verhindern und sie zu bremsen will einfach nicht gelingen, trotz größtem Einsatz. Man arbeitet und ringt darum, das Evangelium vernünftig, modern, gewiss auch mit Überzeugung zu verkünden, und trotzdem werden die Kirchen immer leerer. Ja noch mehr: Man wendet alle Kraft auf, Leitung und Autorität neu zu strukturieren, nichts will helfen, die Freude darüber, in der Kirche ein Zuhause zu haben, zu vermehren.

Was kann denjenigen trösten, der all dies betrachtet? Vielleicht wird auch er die Anrede als Kinder gut in sich aufnehmen. Eine Gnade ist es für ihn gewiss, wenn er bei diesem Wort lange verweilen kann, sodass es ihm zu einem inneren Trost und einer Hoffnung wird. Auch er bleibt bei vielen Rückschlägen und Ärger von Jesus wie ein Kind geliebt. – Vielleicht trifft ihn das Wort aber noch tiefer, wo er sich vorstellt, dass es mitten in der Gruppe der Apostel, d. h. mitten in der Kirche, zu ihm gesprochen wird. Dadurch wird es ein Wort, das ihn nicht nur als einzelne Person tröstet, sondern alle, die es jetzt hören, zu einer Gemeinschaft verbindet. Was man aufmerksam und willig miteinander hört, das schafft Gemeinschaft. Deshalb werden alle, die dieses Wort als Trost hören und vernehmen, zu geliebten Kindern Jesu. Gerade in dem, was sie von Jesus sozusagen als Existenzrecht als Kinder zugesagt bekommen, werden sie verbunden. So wird auch der einzelne Beter dadurch, dass er dieses Wort gut in sich aufnimmt, der Gruppe zugehörig. Heute und jetzt, mitten in der Kirche der Not.

3. Gläubiges Auswerfen der Netze – gegen die Vernunft

Die Enttäuschungen über die leeren Netze, die Frustration und Müdigkeit mögen groß gewesen sein. Aber was jetzt auf die Apostel zukommt, macht die Situation nicht einfacher. Der Mann, der ihnen vom Ufer aus zuschaut, der sie mit dem Kosenamen »Kinder« angesprochen hat, wendet sich ihnen erneut zu. Sie sollten die Netze noch einmal auswerfen, und zwar auf der rechten Seite. Ein Vorschlag, der für sie eine Zumutung bedeutet und sie einfachhin überfordert. Er widerspricht all ihren professionellen Erfahrungen, auch den ganz konkreten Umständen. Niemand geht am Morgen fischen. – Und schließlich ist da noch dieser geheimnisvolle Hinweis, sie sollten die Netze auf der rechten Seite auswerfen. Was soll das?

Die rechte Seite! Was heißt das? Ist sie die Seite des Zufalls? Soll es einfach nochmals versucht werden? Auf gut Glück! – Oder ist sie die Seite der Geduld, die sich nicht schnell entmutigen lässt? – Oder schließlich doch, wie sich herausstellen wird, die Seite des Glaubens? Ein nochmaliger Versuch, weil er von Jesus vorgeschlagen wird. Ganz deutlich wird dies im Evangelium von Lukas, wo in ähnlicher Situation Petrus sagt: »Meister, die ganze Nacht haben wir uns abgemüht und nichts gefangen. Doch auf dein Wort will ich die Netze auswerfen« (Lk 5,5).

Was kann der Sinn dieser rechten Seite sein? Gerade im Rahmen von Exerzitien? Sie ist, wie schon angedeutet, eine Anweisung für gläubigen Fischfang, der sich auf das Wort Jesu stützt. Es ist nicht einfach ein spontaner Antrieb, der dazu führt, auch kein großes berufliches Selbstbewusstsein. Das alles ist durch den vorausgehenden Misserfolg desillusioniert.

Nein, das erneute Auswerfen der Netze geschieht unter dem Zeichen der »rechten Seite«. Es ist eine Hoffnung, die sich auf das Wort Jesu stützt. In seinem Namen soll der Versuch gewagt werden, in seinem Sinne wird getan, was offensichtlich dem beruflichen Verstand als Fischer widerspricht. Es ist einzig das Wort Jesu, das große Macht gewinnt, das Vertrauen auf seine Hilfe entstehen lässt.

Fischfang im Auftrag Jesu! Eine Lektion für alle, die in der Kirche beauftragt sind, in irgendeiner Weise Netze auszuwerfen. Wo immer dies geschieht, da soll es im Namen Jesu initiiert werden. In seinem Sinne, in seinem Auftrag. Sein Wort sei erstes Motiv! Seine Anweisung von der rechten Seite muss ernst genommen werden. Konkret heißt das: Das Wort Jesu soll im Gebet, sowohl im persönlichen wie im gemeinschaftlichen, gehört und empfangen werden. Dort wird geklärt, was zu tun ist, dort fließt die Kraft zu, um das in die Tat umzusetzen, was empfangen wurde.

Exerzitanten beherzigen dieses Wort für sich und mit der ganzen Kirche. Gewiss: Jesus braucht unseren Einsatz und unseren Fleiß. Wir aber brauchen viel mehr seine Gegenwart, seinen Heiligen Geist, der uns das Richtige erspüren lässt. Soll unser Tun und Wirken in der Kirche fruchtbar werden, müssen wir die Gemeinschaft mit ihm festigen.

XVIII. JA ZUR KONKRETEN KIRCHE

Zum Schluss der gesammelten Tage werden die Exerzitanten eingeladen, ihr Verhältnis zur Kirche zu bedenken. In allem, was vorausging, blieb sie im Hintergrund, war nur indirekt, doch ständig präsent, vor allem was ihr äußeres Erscheinen, ihre Aktualität betrifft. Es erwies sich als unmöglich, sie einfach auf der Seite zu lassen, den Weg hinter Jesus neben ihr vorbeizugehen. Je stärker der Wunsch, Jesus nachzufolgen, umso deutlicher wurde auch die Frage, wo denn dies geschehen soll, wo der konkrete Ort ist, wo geschenkte Gaben eingesetzt werden sollen.

1. Dazugehören: Wohltat und Herausforderung

Wo Exerzitanten ihren Blick auf die Kirche richten, da mag ihnen erneut aufgehen, wie ihr Beten selbst schon kirchlich geprägt ist. Formulierungen und Inhalte ihres persönlichen Betens haben ihre Wurzeln in der Tradition der Kirche. Da sind die großen Festtage, das liturgische Jahr, all die Sakramente, nicht zuletzt viele Heilige. Alles, was zum Kirchenjahr gehört, prägt die individuelle Weise zu beten.

Eine solche Verbundenheit ist gewiss nicht bloß äußerlich und formal. Sie weist auf tieferes Dazugehören hin, ist Ausdruck von einer Gemeinschaft, die (zeitlich und seinsmäßig) jedem persönlichen Beten vorausgeht. Gemeint ist damit nichts anderes als das große Gebet, in dem die Kirche selbst entstanden ist. Es ist jene große Bitte um den Heiligen Geist, die im sogenannten »Obergemach« zum Himmel stieg. Dies war der Anfang der Kirche, das erste Pfingsten.

Dieses Gebet hat sich fortgesetzt durch die Jahrhunderte, durch alle Perioden und Krisen hindurch bis zum heutigen Tag. Mit diesem großen Anfangsgebet bleiben auch die Exerzitanten von heute verbunden. Mögen sie sich noch so in ihrem Kämmerlein abgesondert vorkommen, sozusagen allein mit Jesus im Gespräch, immer gehören sie zur großen Gebetsgemeinschaft der Kirche. Genauer noch: Der Geist, der sie im Beten lehrt und leitet, ist kein anderer als der Geist, der über alle Zeit hinweg die ganze Kirche leitete. Wenn deshalb der Beter aus seinem Kämmerlein hinausgeht und auf die Kirche zuläuft, da betritt er kein unbekanntes Feld. Mag das Bild, wie sich ihm die Kirche präsentiert, fremd oder gar irritierend sein, er darf wissen, dass in ihrem Inneren der gleiche Geist am Werk ist, der ihn in seinem persönlichen Beten leitet. In der Sprache des Ignatius gesagt:

»In Christus und in seinem sichtbaren Leib, der Kirche, wirkt derselbe Heilige Geist, der auch uns, die einzelnen Glaubenden, zu unserem persönlichen Heil leitet und lenkt, durch seine Präsenz sowohl im Ganzen der Kirche wie auch in den einzelnen Gläubigen formt der Heilige Geist immer neu die Kirche« (EB 365).

Solche Verbundenheit im gleichen Heiligen Geist wird für die Exerzitanten zu einer großen Stütze und Hilfe. Was für sie gilt, mag Trost für alle sein, die sich um ein Leben aus dem Gebet bemühen. Wo immer Menschen in ihrem Beten ermüdet oder verhindert sind, da dürfen sie sich in Erinnerung rufen, dass sie von einer großen Gemeinschaft getragen und gestützt werden. Die

Gründe für solche Ermüdung können ganz verschieden sein, sei es da, wo die einzelnen Beter durch Krankheit zum Beten unfähig geworden sind, sei es, dass Arbeit und Verpflichtungen nicht die nötige Zeit lassen, oder auch, dass der Beter selber versucht ist, das Beten aufzugeben, weil es ihm weder Freude noch Trost schenkt. Wie immer die Krise aussieht: Wo der Einzelne nicht mehr beten kann, tun es andere.

Mag solche Zugehörigkeit zu einer großen Gebetsgemeinschaft Trost und Stütze sein, so ist sie in einem weiteren Sinne auch Verpflichtung und Aufgabe. Wer zu einer Gemeinschaft gehört, genießt nicht bloß ihre Vorteile, er wird auch hineingenommen in ihre Probleme und in ihr Leiden. Solches Anteilnehmen prägt nun aber auch die persönliche Weise zu beten. Sie ist nicht bloß zusätzliche Last, sondern auch Chance. Sie weitet das Herz, lenkt den Blick auf das Wohl der anderen (Phil 2,3), ja auf alle anderen, auch auf jene, die mit der Kirche keinen Kontakt haben. Immer weniger geht es dem einzelnen Beter um das eigene Wohlergehen, das private Seelenheil. Immer mehr gerät er in die Logik jenes Gebetes, das Jesus selber gelehrt hat, des »Vaterunsers«. Zuvorderst, am Anfang, steht dort das Kommen des Reiches Gottes, die Rettung aller Menschen, der göttliche Wille. Erst später, an zweitwichtiger Stelle, kommen die persönlichen Anliegen wie das tägliche Brot, die Vergebung eigener Schuld, Bewahrung von Bösem.

Auf diese Weise sind persönliches Gebet, das im kleinen Kämmerlein stattfindet, und das kirchliche Gebet im Obergemach miteinander verbunden. Einerseits sind diese Räume getrennt, aber nicht durch Mauern oder feste Wände, schon eher durch eine Membran, die durchsichtig und durchlässig ist. So fließt die Kraft der einzelnen Gebete in die Gemeinschaft hinüber und umgekehrt. Je mehr diese vom Heiligen Geist erfüllt und inspiriert sind, umso mehr zirkulieren sie in beide Richtungen. Es ist der gleiche Heilige Geist, der in diesem wechselseitigen Zueinander herrscht und sie verbindet.

2. Kirche – eines Lobes würdig?

Wo Exerzitanten zu wissen bekommen, es auch glauben können, dass in der konkreten Kirche der gleiche Heilige Geist am Werke ist, der auch sie im persönlichen Gebet leitet, da wächst in ihnen auch das Vertrauen zu ihr. Sie wissen nun noch besser, dass die Kirche nicht einfach ein stumpfes soziales Gebilde ist, nicht eine geistlose Institution, sondern jene Gemeinschaft, in deren Mitte der Heilige Geist wirkt und der sie zugehörig sind. Es ist diese Tatsache, die das Vertrauen zu dieser Kirche stärkt, sie dazu befähigt, das Gute, das in und durch sie geschieht, zu sehen und zu loben.

Mit diesem Stichwort von »loben« werden die Exerzitanten an den Anfang ihrer stillen Tage erinnert. Dort stand der Satz: »Der Mensch ist geschaffen, um Gott zu loben.« Damit war ein steiler Einstieg in die Tage der Exerzitien vorgegeben. Loben ist nicht bloß im religiösen Bereich, sondern auch ganz allgemein keine leichte Sache. Es ist nicht etwas, das uns von Natur aus geschenkt ist. Es stellt sich nicht von selbst ein, muss deshalb gelernt werden, verlangt eine geistige Anstrengung. Wie immer es gelungen ist, diese Grundhaltung des Lobens zu verlebendigen, jetzt, am Ende der Exerzitien, kommt es auf den Prüfstand.

Dazu nun die klare, geradezu massive Vorgabe des heiligen Ignatius. Er lädt die Exerzitanten ein, die Kirche zu loben, und zwar grundsätzlich und überhaupt. Nicht einzelne gute Aspekte von ihr, nicht schöne Liturgien nur, gelungene Initiativen, gewisse Personen, Heilige. Nein, das Ganze der Kirche, ihr Dasein, ihre Geschichte, die heutige Gestalt, die »hierarchische Kirche« (EB 365), wie Ignatius öfters sagt. – P. Medard Kehl spricht von einer Kultur des Lobens, die Ignatius für die ganze Kirche vorschlägt. Er beruft sich dabei hauptsächlich auf einen evangelischen Theologen, Gottfried Maron. Dort ist zu lesen:

> »Gegen das Schmähen wird das Loben, gegen das Kritisieren wird das Rühmen gesetzt. Das ist der entscheidende Beitrag des Ignatius zur katholischen Erneuerung im 16. und 17. Jahrhundert. Ihr eigentliches Geheimnis ist ein ›Pro‹ und nicht ein ›Contra‹ … Es ist ein zugleich innerliches und äußerliches Reformprogramm: Es wird zunächst eine innere Haltung gefordert und eingeübt, die aber weitgehend an äußerliche Dinge und Verrichtungen gebunden ist.«[30]

Eine innere Haltung wird eingeübt! Dieses Ziel entspricht präzise dem Grundanliegen von Exerzitien. Um nichts anderes geht es als um das Einüben einer positiven Haltung, um die Gewinnung eines neuen Blicks, um Osteraugen für die Kirche. Deshalb werden die Exerzitanten am Ende eingeladen, ihr persönliches Verhalten zur konkreten Kirche im Gebet zu überdenken und zu prüfen. Sie möchten sehen lernen, was es an guten und hoffnungsvollen Dingen in ihr gibt inmitten von Elend, Streit und Missbrauch.

Auf dieser Linie positiven Denkens findet sich auch der bekannte Satz, den der heilige Ignatius an den Anfang der Exerzitien setzt. Dort steht, dass »jeder gute Christ bereitwillig sein muss, die Aussage des andern eher zu retten, als sie zu verdammen« (EB 22).

Dieser weise Satz kann als allgemeine Regel für Kommunikation gelten, für jede Art von Gesprächen, aber gerade auch für das Reden über die Kirche. Positiv würde das heißen, dass die Exerzitanten (und wir mit ihnen) sich bemühen, mit Wohlwollen und Empathie die gesagten und gelehrten Dinge in der Kirche zu verstehen. Sie geben Acht, verständnisvoll, nachsichtig und barmherzig zu sein, sowohl im Ton und in der Umgangsform wie auch in den Themen, über die gesprochen wird. Was ist wichtig, was schädlich, was baut auf, was bedrückt?

Nun aber macht die ignatianische Regel von Kommunikation nicht bloß auf die Gefahr aufmerksam, etwas falsch zu verstehen, sie erinnert indirekt auch an den Mangel von Empathie und Liebe, der dort herrscht, wo Missstände und Skandale unnötig verbreitet und weitererzählt werden. Die Gefahr ist groß und allgemein. Wer wüsste nicht um die Versuchung, mit negativen Dingen die Aufmerksamkeit auf sich zu ziehen, sich darin noch zu gefallen? Wer ist nicht schon einmal von der Faszination des Negativen berührt worden? Wer aber hat nicht auch schon gespürt, wie das eigene Herz missmutig und traurig wird, wo dem Negativen Raum gegeben wird? Die Freude, auch die eigene Freude an der Kirche schwindet, wo vornehmlich oder gar ausschließlich von ihrem Versagen gesprochen wird. Ganz abgesehen davon, dass wir damit nicht nur der Kirche schaden, sondern nach der alten Regel auch uns selbst. Mit dem Gift, das man versprüht, vergiftet man sich selbst.

All diese Hinweise, die Prüfung unseres sozialen Denkens und Redens kritisch zu prüfen, es auch im Gebet zu bedenken, sind nützlich, um zu einer positiven Grundeinstellung zur Kirche zu finden. Was immer uns durch Übung und Selbstdisziplin gelingt, ist ein großer Beitrag zur Kultur des Lobens. Es kann sehr helfen, dahin zu kommen, die Kirche mit all ihren Makeln und ihrem Versagen zu schätzen, ja sie zu lieben.

3. Die Kirche – Kreuz und Gnade

Aber noch einmal: Wie die Kirche lieben, wo so viel Streit und Starre herrschen? Wie sie loben, wo sie so eine schlechte Figur macht? – Exerzitanten mögen sich bei dieser Frage an das erinnern, was sie vor dem gekreuzigten Jesus geklagt haben. Neben persönlichen Dingen waren es gewiss auch viele Enttäuschungen und viel Misere über die Kirche. Dort aber, im Gespräch mit dem gekreuzigten Jesus, wurde ihnen auch klar, wer immer hinter Jesus her geht, wird früher oder später dem Kreuz begegnen. Es gehört dazu! Nachfolge Jesu ist Kreuzesnachfolge, sie ist von Jesus vorausgesagt und kommt – so könnte man sagen – in den Erfahrungen mit der konkreten Kirche auf den Prüfstand. Die Kirche ist in einem geheimnisvollen Sinn unser Kreuz, das es zu tragen gilt. Gläubiges Leben wird dadurch, dass es in der konkreten Kirche sich abspielt, nicht einfach leichter und bequemer. Die Gemeinschaft der Betenden ist nicht ein gesellschaftlich harmonisches Netz, wo Eintracht und Frieden herrschen. Sie ist Kreuz, deshalb aber auch Gnade. Dies einfach deshalb, weil Jesus, der Gekreuzigte und Auferstandene, die Mitte dieser Gemeinschaft bildet. Wer hier dabei ist, darf sich zu denen zählen, die Jesus selber selig gesprochen hat. Es sind die Armen dieser Welt, die er zu sammeln und aufzurichten gekommen ist, die Einsamen, die Verlassenen und die Sünder, alle jene, die allein nicht mehr weiterkommen, die mit ihren eigenen Plänen gescheitert sind oder sich das eigene Leben zerstört haben. Das Glück, hier in der Kirche erneut »Anschluss zu finden«, dazuzugehören, mit Jesus zu leben und von ihm Vergebung zu empfangen, neu mit ihm eine sinnvolle Spur in die Zukunft zu gehen, ist groß und einzigartig. Wo sonst können wir mit unseren Irrtümern und Fehlern dabei sein und noch geachtet und geliebt werden? Es bleibt keine bessere Wahl, es ist eine Art von positiver Alternativlosigkeit. »Zu wem sollen wir (sonst) gehen?«, so fragt Petrus in einem Moment großer Vertrauenskrise, wo viele Menschen sich von der Gruppe Jesu verabschieden. »Du hast Worte des ewigen Lebens.«

Wer zu dieser Kirche gehört, wird immer mit den beiden Seiten ihres paradoxen Lebens konfrontiert werden: mit ihrem Kreuz und dem Licht der Auferstehung. Die Kirche ist und bleibt eine Gemeinschaft von Sündern, hinter der Jesus fest steht, die er gegründet hat und bei der er bleibt. Seine Liebe zu ihr ist fraglos, ohne Reue und Bedauern. Dadurch gewinnt sie, obwohl sie aus Sündern besteht, einen hohen Wert, eine Einzigartigkeit, ja eine Schönheit. Sie ist, wenn wir ein Wort aus dem Alten Testament aufnehmen und anwenden, die »Braut«, die »schwarz« ist, »aber schön« (Hld 1,5). Schwarz, weil sie eine Gruppe von Sündern und Versagern darstellt, schön, weil sie vom barmherzigen Blick Jesu getroffen und angestrahlt ist, von einem Licht, das sich auf ihrem dunklen Gewand widerspiegelt.

Dieser Gedanke findet sich bei Karl Rahner, wo er die Begegnung Jesu mit der Ehebrecherin auf die Kirche überträgt:

> »Die Schriftgelehrten und Pharisäer – es gibt solche ja nicht nur in der Kirche, sondern überall und in allen Verkleidungen – werden immer wieder ›die Frau‹, die – Gott sei Dank – doch auch nicht besser ist als sie selbst, anklagen: ›Herr, diese Frau ist beim Ehebruch auf frischer Tat ertappt worden. Was sagst du dazu?‹ Und diese Frau wird es nicht leugnen können.
>
> Nein, es ist ein Ärgernis. Und es gibt nichts zu beschönigen. Sie denkt an ihre Sünden, weil sie sie wirklich begangen hat, und sie vergisst darüber (wie könnte die demütige Magd anders?) die verborgene und offenbare Herrlichkeit ihrer Heiligkeit. Und so will sie nicht leugnen. Sie ist die arme Kirche der Sünder. Ihre Demut, ohne die sie nicht heilig wäre, weiß nur von ihrer Schuld. Und sie steht vor dem, dem sie angetraut ist, vor dem, der sie geliebt und sich für sie dahingegeben hat, um sie zu heiligen, vor dem, der ihre Sünde besser kennt als ihre Ankläger. Er aber schweigt. Er schreibt ihre Sünde in den Sand der Weltgeschichte, die bald ausgelöscht sein wird wie ihre Schuld mit ihr. Er schweigt eine kleine Weile, die uns Jahrtausende scheint. Und er verurteilt diese Frau nur durch das Schweigen seiner Liebe, die begnadet und freispricht. In allen Jahrhunderten stehen neue Ankläger neben ›dieser Frau‹ und schleichen immer wieder davon, einer nach dem andern, von den Ältesten angefangen; denn es fand sich nie einer, der selbst ohne Sünde war.
>
> Und am Ende wird der Herr mit der Frau allein sein. Und dann wird er sich aufrichten und die Buhlerin, seine Braut, an-

blicken und sie fragen: ›Frau, wo sind sie, die dich anklagen? Hat keiner dich verurteilt?‹ Und sie wird antworten in unsagbarer Reue und Demut: ›Keiner, Herr.‹ Und sie wird verwundert sein und fast bestürzt, dass keiner es getan hat. Der Herr aber wird ihr entgegengehen und sagen: ›So will auch ich dich nicht verurteilen.‹ Er wird ihre Stirn küssen und sprechen: ›Meine Braut, heilige Kirche.‹«[31]

ABBILDUNGSVERZEICHNIS

ANMERKUNGEN

1 Karl Rahner, Das große Kirchenjahr, Freiburg 1987, S. 100–101.

2 Blaise Pascal, Gedanken, Köln 2007, S. 31.

3 Gabriel Marcel, Geheimnis des Seins, Wien 1952, S. 472.

4 John Henry Newman, Dem Leben einen Sinn geben. Meditationen, Zürich 1990, S. 24–26.

5 Romano Guardini, Theologische Gebete, 12. Auflage 2021, S. 20. Verlagsgemeinschaft Matthias Grünewald, Ostfildern / BRILL | Ferdinand Schöningh, Paderborn. Alle Autorenrechte liegen bei der Katholischen Akademie in Bayern.

6 C. S. Lewis, Über den Schmerz, Köln 1954, S. 54.

7 Ebd., S. 48.

8 Irenäus von Lyon, Adversus Haereses IV. Fontes Christiani 8/4, Freiburg i. Breisgau 1997, S. 345.

9 Heinrich Spaemann, Orientierung am Kinde, Einsiedeln 1989, S. 95.

10 Ulrich Luz, Das Evangelium nach Matthäus I/1, Einsiedeln 1985, S. 313. Der biblische Begriff von Vollkommenheit darf also nicht von der griechischen Tugendlehre her gedeutet werden, wie sehr damit auch das Halten der Gebote, vor allem die Feindesliebe, mitgemeint ist.

11 Vgl. Spaemann, S. 42.

12 Vgl. Joachim Gnilka, Evangelisch-katholischer Kommentar zum Neuen Testament. Das Evangelium nach Markus II/1, Einsiedeln – Köln 1978.

13 Ermes Ronchi, Die nackten Fragen des Evangeliums, München 2018.

14 Dazu Johannes Beutler, Das Johannesevangelium, Freiburg 2013, S. 110: »Die Begegnung mit Jesus führt nicht zur Annahme einer dem Menschen fremden, ihm von außen angetragenen Botschaft, sondern zur Erfüllung der ureigenen Sehnsucht des Menschen.«

15 Vgl. Ronchi, S. 8.

16 Ernst Alt, der Maler unseres Bildes, gibt seiner Illustration sozusagen den offiziellen Titel: »Um die vierte Nachtwache«. In einem persönlichen Gespräch interpretierte er sein Werk treffend mit: »Gruppenbild ohne Chef«.

17 Dazu: Heinrich Ott, Die Antwort des Glaubens, Stuttgart 1972, S. 312–314.

18 Ronchi, S. 76.

19 Auslegung und Paraphrase folgen in den großen Linien dem Buch von Tomáš Halík, Geduld mit Gott, Freiburg 2010.

20 Vgl. Josef Pieper, Schriften zur Philosophie und Ethik. Grundstrukturen menschlicher Existenz, Bd. 5, Hamburg 1997, S. 208–218.

21 Karl Rahner, Grundkurs des Glaubens, Freiburg i. Brsg. 2008, S. 99.

22 Karl Rahner, Betrachtungen zum ignatianischen Exerzitienbuch, München 1965, S. 63.

23 Klaus Demmer, Gebet, das zur Tat wird. Praxis der Versöhnung, Freiburg 1989, S. 17.

24 Bernhard von Clairvaux, Was ein Papst erwägen muss, Einsiedeln 1958, S. 18.

25 Vgl. Josef Pieper, Über den Begriff der Sünde, Werke Bd. 5, Hamburg 1979, S. 279.

26 Dietrich Bonhoeffer, Gemeinsames Leben, Gütersloh 1993, S. 57.

27 Madeleine Delbrêl, Die Liebe ist unteilbar, Basel 2000, S. 50.

28 Karl Rahner, Die Kirche der Heiligen, in: Schriften zur Theologie, Bd. 3, Einsiedeln 1956, S. 106–107.

29 Klaus Hemmerle, Ich wünsche uns Osteraugen. Ostern 1993, in: Hirtenbriefe, hg. v. Karlheinz Collas, Aachen 1994, S. 113.

30 Gottfried Maron, Ignatius von Loyola. Mystik – Theologie – Kirche, Göttingen 2001, S. 135.

31 Karl Rahner, Kirche der Sünder, Freiburg i. Brsg. 2011.